帰れないヨッパライたちへ

生きるための深層心理学

きたやまおさむ Kitayama Osamu

NHK出版新書
384

帰れないヨッパライたちへ――生きるための深層心理学　目次

序章　私はこうして精神科医になった

――「嫉妬」を考える

身の程知らずに苦しんだ時代

デリケートな内容ゆえ実に取り扱いにくい事柄について、いやそれだからこそ、じっくり考えてみたいと思います。オープンにして取り上げにくいことなのですが、日常でも臨床でも私たちの心を激しく動かしその言動を左右する、この「嫉妬」という厄介な心理について。

目的ははっきりしています。それはこの心理に強くなりたいから。しかし、症例を引用しないで語るためには、やはり私自身のことから始めるしかないと思います。醜い心のことを語ると自ら醜くなるという不安を乗り越えるためにも。

そしてそれは何より、私が精神科医の道を歩み精神分析を専門として選ぶようになった歴史の一部を成すものなのです。つまり二〇代前半にある意味で成功してしまい、私たち自身が周囲の嫉妬の対象となり、「ぽっと出」の不安と恐怖を味わった経験と密接な関係があります。

私は京都の医科大学生だった一九六五年、加藤和彦らとともにザ・フォーク・クルセダーズというアマチュアグループを結成しました。主にフォークソングを演奏し、私はベースを弾いていました。

三年間、関西地区で活動し、そこそこの人気を博しましたが、加藤たちの就職が近づいてきたために解散することにし、それを記念する意味で自主制作のレコードをつくることにしました。演奏して得た収入を蓄えたり借金をしたりして資金を集め、欧米の民謡とともに『イムジン河』を加え、さらに『帰って来たヨッパライ』というオリジナル曲を一曲だけ収録し、三〇〇枚のレコードアルバムをつくったのです。一九六七年の夏のことでした。

ところがそれがなかなか売れませんでした。『ヨッパライ』の歌詞は古くからの友人である松山猛によって原型がつくられ、それが私の自宅で録音される前後から私はその創作過程に参加し、加筆を行い、作曲者・加藤和彦とその完成まで付き合いました。と同時に、グループのマネージャーとして収支の責任者であり、このレコード全体の言わばプロデューサーとしてレコード制作を管理することになりました。それで私は、その完成直後のところで、借金と在庫の山に困り果てることになったのです。概念の解説は後述しますが、私はグループが創作的に遊ぶための「抱える環境」を提供したので、そのツケが回ってきたのです。

やはり無名のものを売るのは難しいと痛感しました。しかし、グループは解散していました。それで個人的に、知り合いのつてをたどり、ラジオ局のディレクターを訪ね、なんとか番組で曲をかけてもらうことにしたのです。

一〇月になって、あるラジオ放送局で『帰って来たヨッパライ』がかかり始めると、あっという間に自主制作盤は売り切れました。そしてすぐさま多数の引き合いがあり、契約や交渉の結果、大手レコード会社からシングル盤が出されて、当時としては異例の大ヒットとなりました。それで、私たちは再結成することになったのです。

誰もが羨ましがるような話かもしれません。多感で神経質な青年が突然周囲の目にとまり、褒められもしましたし、励ましも受けましたが、同時に人前に押し出されて、あることないことを言われたのはとてもきついことでした。今から考えると当然のことですが、まさに「出る杭は打たれる」という感じでした。

アマチュアグループがアンダーグラウンドの自主制作盤をつくり、自分で売り出したということがきっかけでした。「下から上へ」のセルフマネージメントで全国的に知られるようになったという「成り上がり」の物語は、まさにマスコミによって「都市伝説」化しやすい話であり、グループは瞬く間に集団心理の渦に巻き込まれたのです。そして、どこへ行っても、歌いたいときも歌いたくないときも、またほかの歌を歌いたいときも、ただあの一曲を歌えと強要されるようになりました。

とうとう、分不相応にも私たちは「日本のビートルズ」と言われるようにもなりました。しかしメンバーは、自分たちの歌が人のための歌になってしまい、充実感は薄れ、数ヶ月で「もうやめたい」という気分となりました。アマチュア時代なら、支持してくれるはずの人たちが目の前に見えていました。それが突然、無数の不特定多数を相手にするようになり、目の回るような気分を体験しながら、マスコミを介し「みんな」という得体の知れないものに出会ったのです。

特に、第二弾として発売予定の『イムジン河』という曲を朝鮮民謡と思い込んでいたところ、北朝鮮に原作者がいて、朝鮮総連の抗議を受けたときも厳しい状況でした。発売中止となり、一部から「それ見たことか」と言われ、作品も盗作呼ばわりされ、世間とは「上げたり下げたり」するものだと思い知りました。私たちは数ヶ月で、「憧れ」と「嫉妬」という不気味な心理の矢面に立っていることを強く感じるようになりました。その上、私自身も、すべてが身の程知らずの出来事だと考えていたのです。

それでも私たちがみんなの望むとおりの姿を完璧に演じていればよかったのでしょう。しかし、まともにマネージャーのいないタレント集団ですから、すぐにボロを露呈させてしまいます。ある意味アイドルでいることは、セルフマネージメントの素人には非常に難しい仕事でした。どんなに愛されていても、突然みんなは、私たちが化け物だったかのように驚いて、ときに批判するようになるのです。

もともと私たちはグループの解散記念として自主制作盤をつくり、それが人気を博したので、解散を一年だけ先延しにし、バンド活動を続けようとしただけです。そして、それほど音楽テクニックのない私は、解散後には医者になるつもりでした。つまり私にとって、このショービジネスという「天国」から帰るところが地上にあったのです。

ところが、それはそれで、また嫉妬の対象になりました。頭からミュージシャンになりたかったというほうが、世間的には潔く、すっきりしてわかりやすいのです。しかも、人が羨むような大ヒットを出しておいて、ミュージシャンになることをあっさりやめて、医者になるというのですから、そのままおまえの望むようにはさせられないというわけです。実際、研修を行う病院にまで私を追いかけてくるジャーナリストたちに、そんな言い方をされることもありました。

天国から追放されたのは自分たちだった

私はこうした不特定多数のマスコミュニケーションよりも、もっとパーソナルなコミュニケーションのほうに意義を見いだしていました。加藤和彦たちとグループを結成し、演奏していたのは、アマチュアとして小さなステージで知り合いの観客に聴いてもらうという、比較的パーソナルな世界でした。

ザ・フォーク・クルセダーズ解散後、私は『戦争を知らない子供たち』『あの素晴しい愛をもう一度』などの作詞を手がけるなどしました。一方で、最初から考えていたとおり、医師としてパーソナルなコミュニケーションを大切にしようと思うようになり、一九七二年に医科大学を卒業し、二年間ほど内科医の卵として過ごしました。

よい友人やスタッフに恵まれていましたが、私はまだ不気味な世界の中にいて落ち着かず、どこか逃げているように感じていました。自分を見つめねばならないように感じ、そして妙な経歴を持つ新米の医者なので、患者から信用されないケースもありました。そのほかさまざまな理由から、とうとう日本で医師になるのは難しいと思うようになり、イギリスのロンドンへきちんとした研修の場を求めるようにして渡ることにしました。そして自分はこれからどう社会に生き残ろうかと考えていたときに、精神分析学に出会い、まず自分から精神分析を受けることになったのです。

精神分析を学ぶには、まず自分が精神分析を受ける必要があります。専門家になる場合には、これを「訓練分析」と言います。そこで私の精神分析家に、『ヨッパライ』の一連の騒動からイギリスに来ることになったいきさつを一気に話しました。

ようやく私は何が自分に起こっているかを考えることになったのですが、『帰って来たヨッパライ』の歌詞は、実は私たち自身の経験だったのです。大学生のアマチュアグループが遊びで歌を歌い、それがたまたま大ヒットしたのはヨッパライの事故みたいなもので、まさに歌詞のとおり、「酒はうまいし　ねえちゃんは綺麗だ」という天国に昇るような体験でした。しかし、そんな天国には嫉妬深い父親的な神様がいて、私たちから酒を取り上げ、私たちは最後には天国を追い出されて、楽しいことはやがて終わるのです。

「ねえちゃんは綺麗だ」というのは、あとの章で触れるように、「私」と母親的存在の二者が結びつく、酔ったように幸せな世界だと言うことができます。そして、そこに第三者の父親的存在、つまり神様が介入してきて、「私」を最終的に追い出すのです。「天国ちゅうとこは　そんなに甘いもんやおまへんにゃ」と、いつまでも甘えているわけにはいかないとヨッパライは追放されるのです。

私たちのショービジネスへの参加そのものがそうでした。最初はおもしろかったけれど、やがてそんな甘いとこじゃないということに気づかされて、私は芸能界から撤退したのです。

当時の多くの若者には、似たようなことが大なり小なりあったようです。学園紛争もそうで、若者たちはユートピアを夢見て社会を変えるための学生運動を展開しても、結局のところは大学当局と機動隊に追い出されてしまいました。

私にとって、歌に出てくる神様は、実際の父親と同じようなことを言っていました。そして、私がそれを心に内在化して、歌の中で私が神様役でこの台詞の部分を語り、ヨッパライの主人公を追い出すのです。これは現実に起きた話でもあり、家族関係の中で起きた物語でもあり、心の中で起きた話でもあるのです。

私は夢を見て、自分のなりたいものになろうとし、やがて、『ヨッパライ』騒動が起こり、不安と恐怖にさらされました。音楽活動に参加しながら、それは長続きしませんでした。私は『帰って来たヨッパライ』の中に描かれているとおり、天国から叩き落とされて、畑のど真ん中で目が覚めました。生き返った私は、大地の上で生きなければならないけれども、空想では相変わらず天国に上がろうとして、神様にやっつけられるのをまた恐れていました。

そして、私は日本を心理的に追い出されて、ロンドンへ逃げてきて、精神分析を学んでいたのです。私は、自分たちにいったい何が起こっているのかをものすごく知りたかった。つまり、私たちが心の中で、空想で、歌の中で、そして現実に反復する物語を読み取りたかったのです。

嫉妬が人生を動かしている

私がフロイト精神分析学に惹かれたのは、こうした私の生き様をうまく理論的に、そして体験的に説明できる学問だと思ったからです。そしてそれは、私自身の精神分析において納得できるものとなり、この物語の分析を踏まえて、天国の怖い神様から、私は逃げ続けなくてもいいんだと思えるようになっていったのです。つまり、甘い夢を見て天国に上がろうとする限り、天国の怖い神様との出会いは避けられないのだという洞察、これが精神分析との出会いの成果だったと言えます。

私は、それまでに得たお金もつぎ込んで、トーマス・ヘイリー先生という精神分析家に週五回もの精神分析を受けました。マスコミ活動をするときにどうしてペンネームにしなかったのかという考えに至ったのも、そのときでした。

今から考えると、ヘイリー先生も驚き、心配し、またおもしろかったのだろうと思います。彼は、イスラエルで開催された国際精神分析学会に出席し、たまたまそこで日本の精神分析家の小此木《おこのぎ》啓吾《けいご》先生に会ったときに、「僕は今、日本のスーパースターを治療してるんだよ」と言ったそうです。彼は国際精神分析雑誌の編集長になった人で、人類学者でもありました。

精神分析を受け、勉強する過程で、やがて私は、自分が一番意識したくなかった私自身の嫉妬というものに出会いました。それは、どうしてイギリスに来たのかというと、明らかに私がビートルズになりたいと思っていたからだということでした。ビートルズに憧れ、そしてビートルズになりたいと思い、実際「日本のビートルズ」と言われ、やがて嫉妬される恐怖と嫉妬してしまう不安に堪えかねて逃走し、ビートルズの国にやってきた。良い意味でも悪い意味でも、そこには私自身を突き動かす嫉妬があるのではないかと思うのです。ビートルズが羨ましかったし、その私が嫉妬したもの、つまりビートルズに成り代わりたかったのでしょう。

つまり、私の嫉妬心が私自身をロンドンまで連れてきたことになります。そこで、「嫉妬は、おまえの人生を突き動かすエネルギーである」という自覚を得たのです。この気づきと同時に、『ひき裂かれた自己』の作者で私の憧れていた精神科医R・D・レインも、ロンドンルネッサンスと言われた大英帝国の姿も、小さいころに読んで没入した『不思議の国のアリス』のルイス・キャロルも、ロンドン橋が『マザーグース』の歌の中で川に落ちるように、私の中で非常に人間臭い普通の人たちや町や国としてこの目に映るようになったのです。つまり、嫉妬が重要な対象を「上げたり下げたり」するので、これに振り回されると目の前の世界が普通ではなくなるんだというわけです。

数年前に急激な勢いで成り上がった私たちは、人に嫉妬されることがものすごく不安で、いつ叩き落とされるのだろうと恐れていました。当時の日本では、ステージに登場する気に入らない歌手に向かって、「帰れ！　帰れ！」と大声で帰れコールを行うことが流行っていました。また、アメリカではジョン・F・ケネディ大統領が暗殺され、さらにその弟のロバート・ケネディも暗殺される事件が起こったばかりでした。私たちは舞台に上がったときに、「革命が起きたら、おめえなんか、ぶっ殺してやる」という客席の声を実際に聞いていました。映画『タクシードライバー』の主人公のような、誰かスナイパーが客席に潜んでいて、拳銃かライフルで撃たれるのではないかと、どこかで恐れていたのです。そしたら、一〇年後にジョン・レノンがヨーコや私たちの目の前で射殺されました。

そんなふうに思ったら、名のある多くのミュージシャンが証言するように、不気味な大衆に立ち向かうステージには上がれなくなってしまいます。それでもとどまろうとするなら、自分はその恐れから逃れたくて、人工的に舞台恐怖をごまかしたくなるのです。こういう深層心理は、マイケル・ジャクソンにも、ホイットニー・ヒューストンにも、そして畏友《いゆう》・加藤和彦にもあったはずです。

確かに自分がザ・フォーク・クルセダーズでやっていたことは、ビートルズ、もっと遡ればば坂本九やエルビス・プレスリーになりたい、その名声を奪いたいという私自身の嫉妬と願望の投影であり、彼らと競争し、それを乗り越えようとする心の動きの表れでした。しかし、その私の番が来てステージに上がると、今度はものすごい数の人々から嫉妬の投影を受けるのです。

特に同性の場合は「できればああいう人になりたい」という熱い羨望と嫉妬が人々にチケットを買わせ、私もあんなふうになろうとしてステージに上がろうとします。異性なら、あの人の恋人になりたいという願望が私たちに投影されるのです。なりたいけれどなれない者たちの羨望が、人々を会場に集めている。これは文化を盛り上げる原動力なのです。

そしてステージが終わったときには、人々は「ステージと一体になった」と喜び、ときには「やはり私はあんなふうにはなれない」と思い知らされ帰り道につき、少なくない数の人間がああいうふうになることを決心します。なりたいものになることのできた人間は「勝った」「成り上がりで申し訳なかった」「十分に応えられずすまない」「いつか挑戦してくれ」と感じて喜び、また苦しんでいるのです。こうして、よりよいものを提供しようと人気を競い合い、ステージを奪い合い、スターやカリスマという役割を演じて嫉妬させ／嫉妬されることが、大衆文化を盛り上げる一つの原動力であることも事実だと思ったのです。

その結果、同じように若者としてエスタブリッシュメントに挑戦しても、どうしても金銭的に成功したグループとそうでないグループの落差が生じてしまいます。成功したグループは嫉妬されます。私はそこに巻き込まれ、やはり嫉妬が怖くなったのです。成り上がりが体験する当然の恐怖であり、不安だっただろうと今は思います。

フロイトの精神分析学と出会う

私はロンドンで精神分析学を学ぶことで、精神分析とは「三角関係」と「嫉妬」の心理学だと知りました。これこそ一期一会、出会いのありがたいところでした。そして、自己理解が進み、ようやく私は落ち着きを取り戻すことができました。嫉妬とはそういう強烈な心理なんだ、ならば、自分が嫉妬することや嫉妬されることの心理学を、少しでも考えることはできないのだろうかと思うようになりました。

誹謗中傷をして私を貶《おとし》めたり、少し目立ったからといって騒いだりするのも嫉妬なら、客席にスナイパーが潜んでいて私を撃とうとしていると思ったりするのも、それ自体が私の嫉妬心の投影なのです。実際にステージの私を破壊したいと思う人がいても、それが嫉妬心の表れであることがわかれば、少しは対処の仕方が見えてきます。

その上、無意識の投影には、自分の心の中の欲望を周囲に投げつけながら、それが周りに映し出されても、私のものではないふりをするというメカニズムがあるのです。つまり、私の嫉妬を周囲にぶつけておいて、私が嫉妬されているように思い込むという心の仕組みなのです。喧嘩をしたい人間が喧嘩を始めるとき、相手が最初に喧嘩を売ってきたと言い張るのです。

だから、周りから自分に向けられていると感じた嫉妬は、自分の嫉妬だということがあるわけです。そこに行かないのは嫌われているからとか、やりたいことをやれないのは嫉妬されているからと言って、自分のことは棚上げし、被害者的な弁解で不幸を他人のせい

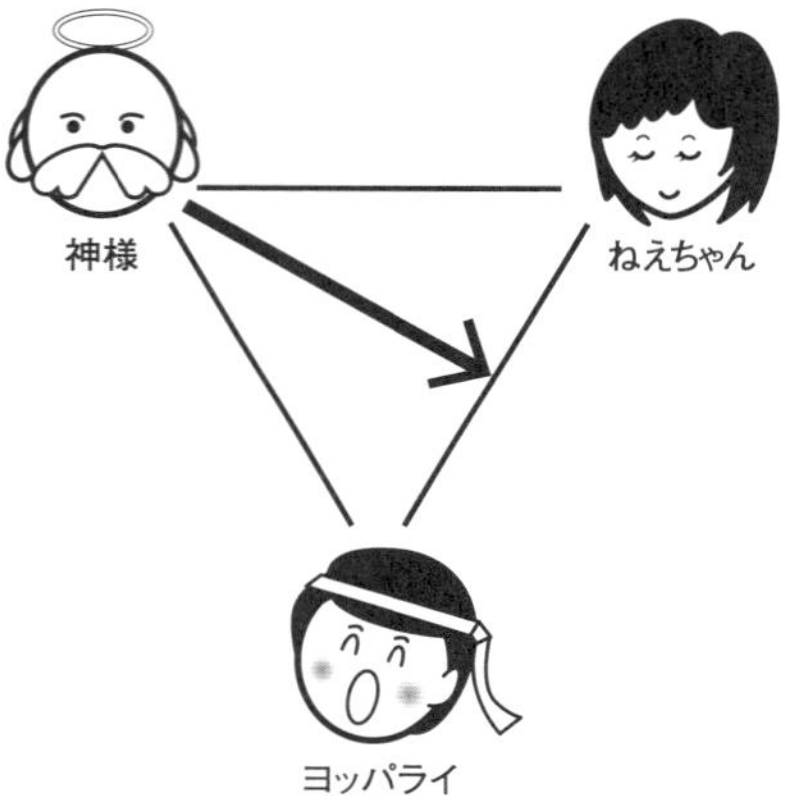

にすることが多いのですが、これも私の悪意の周囲への投影でしょう。

だから、神様こそが嫉妬深いとヨッパライは感じましたが、ヨッパライ自身がねえちゃんと一緒にいつも天国にいる神様に嫉妬していたのであり、それで天国に上がろうとしていたとも言えるのです。

そして、天国の綺麗なねえちゃん、怖い神様、私という三角形の構図の中を、私たちがずっと生きていることに気がついたのです。フロイト精神分析学は私が経験していることを語っていると思いました。

日本へ戻った私は、臨床活動を開始し、精神分析を実践し、それから日本人のありようを改めて考えるようになりました。そして講義や執筆活動などで、音楽の比喩や昔話、文化現象に関心を寄せながら、それを素材にして人間の、そして私たちの心理学を明らかにしようとしてきました。こうした音楽や神話、昔話を使って文化論的な方法論をとるのは自己分析の手段でもありますが、一つにはプライバシーの保護の観点から、患者さんの話をそのまま出すわけにはいかないこともあるからです。本書ではそれに加えて、『ヨッパライ』をめぐる私の個人史も簡単に紹介した上で、嫉妬とその背後にある日本文化の精神分析学を考えていこうと思います。

どうして私たちは嫉妬に弱いのか、若者も中高年たちも私と同じように嫉妬することの苦しみと、嫉妬される恐怖にとらわれたままで身動きがとれないのではないか、そして、嫉妬の痛みに耐えられなくて、嫉妬について考えないようになり、そこから逃げ出し、欲しいものを諦めることになる。政治も経済も日常生活も、それぞれが足を引っ張ることにばかりエネルギーを注ぐので、何も産み出せず、何も決まらず、そのため社会全体もまた停滞し変わることができないのではないか。私たちの置かれた状況を見つめながら、その考え方を提示しながら、一緒に考えていければと思います。嫉妬について考えることができれば、慌てないで今少しここにとどまることができると思うのです。

本書タイトルの『帰れないヨッパライたちへ』の「帰れない」というのは「天国から現実に帰れない」という意味ですが、私自身にも言い聞かせるように書いてみたいと思います。

第一章　私たちの心の底にあるもの

――「あれもこれも」という甘え

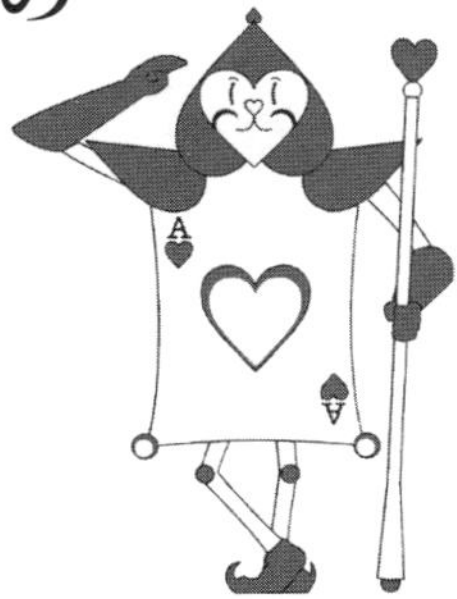

今、私には、日本人が大きな生き方の問題にぶちあたり、変化を求められているように思えます。日本文化の表面に現れている現象だけでなく、それを通して私たちの中に潜んでいる心のあり方をとらえながら、今の日本の問題を見つめることが必要なのでしょう。実はこうした日本人の心の問題と、嫉妬は深く関わり合っています。まず第一章と第二章では、さまざまな概念と例を挙げながら、私たちの見えにくい心の形を描いていくことにします。

「甘え」という言葉で日本人が見えてくる

日本語には「甘え」という言葉がありますが、これは英語では表現しにくい言葉です。日本人は甘えという感覚に敏感ですが、日本人の甘えを指摘するとすぐに「外国にだって甘えはある」という話になります。確かに日本人だけが甘えているわけでも、甘えることに肯定的なわけでもありません。

しかし、甘えという言葉を手に入れることによって、日本語で心的世界を細かく精神分析することができますし、日本語から出発して精神分析を伝えることもできます。母子関係にしがみついて、甘えばかりを求めている日本人を、そこに描き出すこともできます。そして、甘えという心理は理解できるけれども、甘えている日本人は好きじゃないと、相反する気持ちを表明することもできます。

土居健郎《たけお》先生によって、「甘え」は精神分析学や日本人論に欠かせない術語となりました（『「甘え」の構造』、弘文堂）。そして「甘え」理論のおもしろいところは、日本人らしさだけを指摘して、それにしがみつくために考えられた理論ではないことです。同時に、今の日本人の日本的なあり方から自由になるために、甘えについて自己洞察を得ることもできるのです。

つまり「甘え」はもともと日本語にしかない言葉で、肯定的に使われることもある言葉であることに気がつくと、「甘え」というスクリーンを通して、距離を置いて日本人を眺めることができます。また、「甘え」という言葉で外国人に日本人を紹介することもできます。もしそこで、外国人をして「私だって甘えているよ」と言わしめると、「なんだ、あなたも僕も変わらないじゃないか」と考えることも可能になります。逆に外国人が「私は甘えていません」と言えば、日本人と違うところが見えてきます。このように、甘えという言葉一つでも、自分の心の中を豊かにし、文化について考えるための余裕や距離をつくってくれます。外から言葉を得て、内なる考えが深まり、また外に発信するという、内と外の間で起きる分析的循環が大事なのです。

まずはこんなふうに、日本人にはこんなところがある、あんなところがあると、自由に発想しながら、日本人をざっと展望してみたいと思います。いわば、日本人に関する自由連想的ケーススタディです。ただし、ここで言う「日本人」とは日本語を話す私たちだと軽く受け止めておいてください。

なぜ私たちは表と裏を使い分けるのか

臨床をやっていて、課題や問題は人間にとって普遍的でありながら、日本人らしい問題処理の仕方があると私は思うようになりました。それは例えば、「表と裏の使い分け」です。二重人格あるいは多重人格という病態が日本人には少ないと言われます。これはおもしろい議論なのですが、日本人は全体として眺めた場合、表と裏を実に巧みに使い分けるのです。だから軽い二重人格あるいは多重人格の状態に寛容だと言え、これが甘やかされているという例の一つでしょう。

表では生真面目なサラリーマンが、裏の酒席で裸踊りをしていることは今では少ないかもしれません。しかし、仕事の鬼のような人が温泉旅行へ行ったら、急に柔らかい人になるといったことならよくあるでしょう。権威があっていつも真面目な先生が、カラオケに行くと派手な恋の歌を歌ってマイクを離さない、といったことに日本はとても寛大で、そのあからさまであることには外国の方が驚くぐらいです。

それは、表と裏がしっかりと区別されながら使い分けられているからです。家の中がちらかっていても、外側の庭先だけは綺麗に片づいているといったこともあります。余所《よそ》から来た人は玄関までは入れるけれど、中に上がることはできない、あるいは自分の家であっても、中に入るには靴を一度脱がねばならないという構造もあります。これらも現実で表と裏を使い分けている例でしょう。

つまりは、表向きは周囲に合わせているけれど、裏では全然合わせていない部分を温存して、そのまま二重人格的に生きています。こうした日本の表と裏の両方を外国へ紹介しないものだから、外国の方から不思議がられてしまうのでしょう。

「見苦しくて」「見てられない」感覚

では、なぜこうしたことを外に紹介しないかというと、裏にあるものだけではなく、裏と表を使い分けていることそのものを、どこかで悪いとか恥ずかしいと思っているからです。

私がよく挙げる例ですが、『夕鶴』をもとに考えてみましょう。木下順二作の『夕鶴』は「鶴の恩返し」という昔話がもとになったもので、人間と別の動物が夫婦になるという「異類婚姻説話」と呼ばれる物語群の一つです。

罠にかかって苦しんでいた一羽の鶴を助けた与ひょう（よひょう）のもとに、ある日、つうという女性がやってきて女房にしてほしいと言います。つうは機を織っている間は部屋を覗かないでほしいと「見るなの禁止」の約束をして、織物をつくります。与ひょうの知り合いの惣ど（そうど）と運ず（うんず）はそれで儲けようと与ひょうにけしかけ、与ひょうはつうにもう一反織ってほしいと願うのです。つうは承諾しますが、与ひょうは約束を破り、つうが織っている姿を見てしまいます。つうは自らの羽を抜いて布を織っていました。正体を見られたつうは、鶴になって空を飛んで消えてしまいます。

表と裏の全体を見られるというのは、つうが鶴でありながら人間のふりをしていたことを与ひょうに見られることです。表では一所懸命に反物を織る豊穣の女神でありながら、同時に裏では動物が傷ついて、飛べないほどの体になっています。産み出しながら傷ついているという、その矛盾した姿を見られることを私たちは、あってはいけないことのようであり、恥ずかしいことのように感じるのです。

世界の眼差しの下に置かれたときに矛盾していると、いたたまれなくなる感じがここにあります。自分が二面性を持って生きていながら、二面性が突然露わになると、どうも自分がいたたまれなくなり、相手もそのアンビバレンツ（二律背反）を受容してくれないように感じるのです。

私たちは皆、幾分かは鶴でありながら、幾分かは人間なのですが、どうもその全体を見られた本人もつらいし、周りもちゃんと見据えられなくて、「見苦しくて」「見てられない」という感じがするようです。

また、「いとしい」という言葉があります。漢字では「愛しい」と書き、英語で言うとlovely、つまり、好きにならずにいられないという感情を指しますが、語源を調べていくと「痛しい」、painfulから来ているといいます。いてもたってもいられなくなって、抱きしめてやるしかない。その心の背後には、「見てられない」という苦痛があります。つまり「見苦しい」「見にくい（醜い）」「見てられない」が「いとしい」の背後にあるのです。

少し前の消費者金融のＣＦにありましたが、白い小さなイヌに甘えた感じで見上げられると、いかにも生真面目で厳しそうな中年男性がかわいいと感じてしまう。どこかまっすぐに見てられない、正視できない、そして、見苦しいものはもう抱きしめるしかないという、あの感じでしょう。逆に見られた側は、それを見捨てられたなら、いたたまれなくて、恥ずかしくて、そこから去っていくしかない。それがつうと同じように、「立つ鳥あとを濁さず」につながってしまうのです。

私たちも余裕があれば、相手の矛盾を正視し、見られた側も恥ずかしくならないような、この悲劇と違う解決方法があるはずでしょう。にもかかわらず、私たちはそこで慌てて、なんとかせねばならないと思ってしまいます。見苦しいので、つまり心的に苦痛なので、時間をかけていられなくなり、性急な決断を強いられてしまいます。

こういう場合、もっと時間をかけて考えてほしいというのが、精神科医としてのいつもの思いなのです。不登校で学校へ行こうか行くまいかと考えているときにも、時間が解決してくれることはいっぱいある。ところが、今ここで留年してしまうと、次の電車はほんとうに来るんだろうかと不安になってしまいます。いつもレールに乗って、次の駅に着いたらまた乗り換えてという人生をまっすぐ歩んできた人は、留年すると考えるだけでも、ものすごく大変な問題になってしまうのです。その見苦しいところに慣れない感じが不安をつくり出して慌ててしまい、前の電車に駆け込もうとして、目の前でドアが閉まってしまったり、階段から転げ落ちてしまったりといったことが、臨床の場面ではよく見いだされます。ですから、そこで時間をかけたいと思うのです。

慌ててしまい、次の解決策を見いだすことができなくて、逃げてしまうと、表と裏の二つを考え合わせることも、そこに置いておくこともできません。いつまで経っても統合されないままで、自分の多面性を、やがて一つの全体となるところまで持っていくことができなくなります。

私たちは未熟な状態でこの世にやってくる

こうした行動はどうやって私たち日本人に共通の文化となり、また物語として、語り伝えられていくのでしょうか。また、逆にどのような形で文化や言語の影響を受けて、行動に一つの傾向が生まれていくのでしょうか。

私たちの育ち方、成長の仕方は文化に支配されているので、そこがポイントです。まず、私たち人間は赤ちゃんとして、未熟に生まれてくるという大前提があります。多くの哺乳類の動物は生まれてすぐに歩き出し、それほど時を置かずに食べ物を取りに行くことができます。しかし、私たち人間は直立歩行し、前頭葉が大きくなったがゆえに、母親の胎内から、いわば早産の状態で生まれてきます。外的な影響を受けやすい未熟な状態で私たちはこの世界にやってくるのです。

子どもは生理的に未熟であるために、母親的養育者の献身的育児が必要になります。生き延びるためには育児が絶対的に必要で、もし母親がいなければ、その代わりをしてくれる人が必要です。だから育った環境によって、つまり母親との関係、父親との関係、そのほかの環境によって、外から影響を、文化の影響を受けます。そして、子どもが欲しいもの、必要なものを表現する必要に駆られるようになり、その手段として、文化的に共有された象徴表現やそのあとには言語を使わなければならなくなります。

育ちなんてのちの成長に影響ないと言う人もいますが、どういう形であれ、育児のおかげで私たちは子どものときを生き延び、半人前の状態を通過して、曲がりなりにも自分で自分を管理できるようになると、ようやく成人するわけです。

こうして、私たちは私たちの母国語、母なる文化といったものの影響を受けるようになります。この育ちのプロセスで、日本語なら日本語の影響を受け、日本人なら多くが日本人として育っていきます。例えば、添い寝で子どもを育てる日本の文化と、幼いときから子ども用のベッドルームが与えられて両親の寝室と違うという文化とでは、成人してからの生き方が決定的に変わってくることでしょう。

世界中の赤ちゃんが一人ぼっちで寄る辺なくて、情けない状態で生まれてきます。そこでギャーと泣いたら、「はい、はい、お母さんですよ」と言ってくれる存在がすぐそばにいるのと、呼んでも叫んでもやってこないのとでは、一人ぼっちであることを乗り越える方法が変わってくると考えられます。

私たちがもしほかの国で生まれてきたら、と考えてみてください。アメリカ人の家庭に生まれ、何かあったときに、母親を呼んで、すぐに母親が「はい、お母ちゃんですよ」と言ってやってきたら、甘えん坊になることが心配されるでしょう。呼んでも誰もやってきてくれなかったら、もうあとは映画のように、ＥＴか妖精でも呼ぶしかないのだろうと思います。

このように、置かれた状況、文化、言語によって、人間の成長は影響を受けます。そして文化の違い、国民性の違いが生まれます。逆に言えば、日本人らしい育児が行われているところでは、表向きは日本人らしい人間ができるというわけです。

もちろん、どこの文化にも表と裏があります。裏は裏として背後に隠し、表は表として前面に押し出すとしても、人間はそれを周りの環境に向けて行うのです。欧米人はどちらかというと、二者択一的に裏を抑圧し、表をつくるようです。キリスト教圏であれば、神という父性的な第三者の眼差しの下で私を律していく、というイメージが語られることが多いのです。

それで心の中には、裏と表、子どもと大人、あるいは動物と人間、あるいは女と男、弱さと強さが同居し、「あれかこれか」の二者択一の対立が起きやすいのです。その葛藤は世界のどこでも同じだとしても、その乗り越え方が文化によって異なっています。弱さを抑圧して強くなる、あるいは女を抑圧して男になるなど、文化の中でそうした関わり方を強いられるのです。日本では、若干甘やかされて、「あれもこれも」という表と裏の二つを使い分けることを覚えるなどするでしょう。そして、この二重性をうまくこなせないと、精神的に、あるいは性格的に問題を抱えるといったことが起きてきます。

あとから「実は反対だった」と言う日本人

もう少し、日本人の表と裏にこだわってみましょう。表のない裏はないし、裏のない表はありません。どんなものも全体として不純な部分があり、矛盾しています。

例えば、化粧をしているときの顔と素顔です。特に女性の方がそうですが、素顔は恥ずかしいと皆さんおっしゃるのです。そこにも、矛盾した感覚に弱い日本人が見えてきます。表と裏がありながら、その矛盾は見苦しいので、恥ずかしいので、他者とともに考えないために、なんともしようとしないでいるのです。

表／裏の起源は、のちにも説明するとおり、まず、第一には心の中の衝動や欲望という裏の部分と、現実原理が支配している表の部分の対立でしょう。外部は自分の思いどおりにならないから、どうしても自分を現実に合わせることになります。ですから、表と裏との間に分裂する人格の起源があるわけです。でも、実際は表も裏もなく生きたい。できれば竹を割ったような性格になってまっすぐ純に生きてみたい、と憧れる気持ちが私たちの中にはあります。

皆さんがよく挙げる例ですが、日本にキリスト教が入ってきたときに、最初は奨励しておきながら、あとで弾圧してしまいます。織田信長の時代、日本でキリスト教を信仰した人たちは何万、何十万単位でいたそうですが、表／裏なく生きた人たちは、ほとんどが殉死してしまいました。残った者の多くは心の中でキリスト教を信じていても、踏み絵をして表向きを装いながら、裏ではマリア信仰を守り続けた隠れキリシタン的な人間でしょう。

明治維新のときもそうでした。攘夷派は整理されてしまい、和魂洋才でうまく西洋に適応しながら、同時に日本人らしさを守ろうとした人たちは生き延びました。

また、私たちの親が説明してくれたのは、第二次世界大戦のときの日本人像です。先日まで天皇陛下万歳と言って、英語を塗り潰した教科書を使っていた学校の先生までもが、終戦になった途端に英語を教え始めるという矛盾に愕然としたといいます。戦争に負けると、腹切りをして多くの日本人が死ぬのではないかと思っていたら、やってきたアメリカ軍に飛びつき、権力者におもねるようになった。その豹変する態度はいったい何なのだろうと、子どもたちは思ったそうです。

実は戦争を始めたときもそうです。陸軍も海軍も客観的な状況として、戦争を始めると日本が負けることを知っていた。それなのに、歴史が語るところによれば、会議では反対せずに、その場の「空気」で決まったというのです。負けると思っているのに、表では最初のうちに決着をつければ勝てると考えたそうです。それで戦争を始めて負けたあとになって、「実は戦争には反対だった」と言うのです。同時に、表と裏がなく戦争に反対した者は獄死したり、逆に前線に送られてしまうというシステムが完成している。それではあまりに表と裏がありすぎると思いませんか。

これは簡単にはなくなりません。そしてこうなったら、表と裏があることをみんなで話したほうがいいのですが、見苦しいし恥ずかしいので、表と裏があることさえも話しにくいのです。でも実際はそう生きているので、自分たちは互いに互いを甘やかす二重人格者になります。そして、生き残るという大義のためには、機能的に役立つ二重人格者になるのです。

遠藤周作は日本人の二面性を描いた

内的には恥だし、外から見ると見苦しい。だから、この見にくい（醜い）という類の体験を主体的に生きることが、私たちにとっては実に困難なのだと、精神分析家としては思います。

この困難を文学者として正面から描いたのが、遠藤周作だと思います。『沈黙』（新潮文庫）ではキチジローという日本人が、ポルトガルからやってきた神父におもねりながら、密告して裏切るという二面性を表現しています。

そして『海と毒薬』（新潮文庫）の中に登場する医者たちです。表の仕事では出世や知識的な探求心から米軍捕虜の生体解剖を行いながら、裏では平然と私生活を生きているという、日本人の二面性が描かれています。その表と裏の間の矛盾をあまり考えないというのです。

この日本人とはいったい何者なのか。遠藤周作がそれを描き出すのが文学者の仕事であると言っているところに共鳴します。作家としては描き続けること、精神科医としてはこれをどうすればよいのかと共に考えるために記述することが仕事だと思うのです。

「良心の苛責とは（中略）、子供の時からぼくにとっては、他人の眼《め》、社会の罰にたいする恐怖だけだったのである」。この『海と毒薬』の中に出てくる医学生の言葉は、外の目に対する表と裏の使い分けを語っており、独白としては「私たちは隠れキリシタンです」と言っているようなものです。キチジローのように表では外国人に適当に合わせながら、裏では「日本人」をやっているのです。あるいは隠れキリシタンのように、表では江戸幕府に対して日本人のふりをしているものの、心の中では魂の永遠を信じています。

しかも、そのあと弾圧が起こったら困るから、それを一〇〇％信じているわけではないのです。神の国はあるかもしれない。でも、ないかもしれない。キリスト教のいう神だけではなくて、ほかの神様もいるかもしれない。こうして、八百万《やおよろず》の神様を信じていることになります。合理的な妥協案としての八百万の神様、多神教的世界で、それでいて、どれ一つ信じていないわけです。多くが七夕をお祝いし、結婚式は神道でやり、仏教で葬式をやって、そしてクリスマスを祝いながら、その背後ではどれ一つとして、絶対的なものを信用していません。

結果として「あれかこれか」というよりも「あれもこれも」という考え方になるのです。個人的な見解としては、この生き方、考え方は、生き延びることを最大の目標とすれば、なかなか合理的に選ばれた多神教だと思います。またこれを精神科医として、否定するわけにはいかない。しかし、これでは何も決められないという弊害はあるし、議論が前に進まないことがあるのです。

地球も大地も日本も信用していない。大震災はいつでもどこでも起こりうる。東京に住んでいつでも逃げられる準備をしながら、時々、京都に住む夢を見る。いつも逃げ腰で、目の前の対象に関わっている——。それが世界に知られるようになった。そんな生き様を本音とともにちゃんと記録し、紹介し、若い世代だけでなく、中高年世代のいわゆる「大人たち」の精神的な課題としても考えたほうがよいのではないでしょうか。物事を深く考えるときには、上っ面だけで思考しながら裏で根回しするのではなくて、そういう私たちの生き様全体を俎上《そじょう》に載せて、物事を考えていかないと、明日の日本も考えられないだろうと思います。

キーワード

＊表と裏

表と裏を使い分ける日本文化では、その両方を同時に見られることを恥ずかしいとして嫌い、私たちは表と裏の間の矛盾を生き、考えるのが難しい。

第二章 「あなた」が「みんな」に豹変するとき

——裏切りの心理学

表と裏の両側が見えてしまったときに、「恥ずかしい」「見にくい（醜い）」といって、時間をかけて考えず、逃げ出してきたのが、今までの私たちの姿のようです。それは嫉妬の感情に向き合うことを避けたがる私たち日本人の傾向とも共通しています。しかし、それですむのでしょうか。表と裏が見えた瞬間に全体として眺めて、どのようにすれば、その次の展開を迎えることができるのでしょうか。

「みんな」による管理と操作

日本の文化では、物事の二面性が露わになると、「立つ鳥あとを濁さず」で、その場を立ち去る、あるいは逃げ出すのが一つの典型になっています。これは「みんな」という概念で考えてみるとわかりやすいと思います。

実は、表も裏もしっかりと見る「客観的第三者」、ある意味では神の視点を持っていられたら、私たちは逃げなくてもよいのです。理念や正義を信じればよいし、法律もしくは裁判官を信じられるなら、それだけにすがって生きることもできます。それが「絶対的第三者」であり、絶対で間違いがないという意味では神と言ってもよいでしょう。

ところが、そのときに客観的第三者がいないように見えるのが日本の精神状況なのです。その代わりにいるのが「主観的第三者」です。それは烏合《うごう》の衆にすぐになってしまうもので、それを一般に、特にマスコミでは「みんな」や「大衆」と呼んで、操作の対象にしています。

「先生はこの前、まずいところを見られたでしょう。それ、みんなが見てましたよ」。でも、それはみんなではなく、一人かもしれないし、わずかな人数に見られただけかもしれません。確かに三人以上なら言葉の上では「みんな」と呼ぶことはできるでしょう。しかし、実際に使われる場面では少数の限られた人数であることがあるし、全員を指すこともあります。それを使って、少人数であっても多くの人間が関わっているように思わせるのが、「みんな」による管理と操作です。

何か反論したところで、「でも、みんながそう言っています」「みんなに嫌われるよ」と言われると、自分は全員を敵に回してしまった感じで、隠れるところがありません。そうすると『夕鶴』の鶴のように、もう去っていくしかないのです。『夕鶴』には、運ずと惣どという与ひょうの仲間が出てきますが、物語の上では彼らが「みんな」を代表する存在です。運ずと惣どは与ひょうに、見るなと言われたつうの姿を「見てみろ」とそそのかすのです。

そこにつうの孤立があります。鶴だとわかったときにも、夫の与ひょうががんばって、「こいつは人間なんだぞ」と言ってくれればよかったのでしょうが、信頼できる第二者であるはずの与ひょうまでが「みんな」の一員になって鶴だと言い始めると、それこそ孤立無援でみんなが敵に回ってしまいます。『夕鶴』にはこのような感覚がちゃんと描かれているのです。

噂話という見えないネガティブキャンペーン

日本で毎年のように首相や大臣が替わるのも、これと同じシステムのように思います。二〇一一年、経済産業相が福島第一原発周辺を「死の町」と呼んだとして問題になったときも、記者との懇談で「放射能をうつすぞ」と語ったという報道が流れました。沖縄防衛局長が記者団との非公式な懇談で不適切な発言をしたという報道もそうです。記者たちとここだけの話だと語ったものが使われてしまい、みんなに伝えられてしまう。

記者は話し相手として、そして中立的第二者であることを期待されて取材していながら、突然「みんな」の側に立ってしまって、主観的第三者になってしまうことが多いだけではなく、そのことを知った「みんな」がそれを支持するのです。その両方を見据えてくれる絶対的な神がいないし、お天道様ではその光が裏にまで届かないわけです。これがやりきれない。

私は時々冗談めかして、「菅直人首相と朝青龍が好きだった」と言いますが、彼らは見苦しいとみんなに思われてもかまわないし、数字が下がってもがんばりました。ブッシュ大統領がえらかったのは支持率が一〇%台でも、辞任せずに残ったことです。

それには打たれ強いこと、ネガティブキャンペーンに強くなることが必要でしょう。日本では表立ったネガティブキャンペーンには眉をひそめるけれども、噂、ゴシップといった、はっきり見えないネガティブキャンペーンを裏でやります。見えているネガティブキャンペーンなら、汚い手を使っていると言えるし、卑怯とも言えるのですが、見えないネガティブキャンペーンには対抗することが難しいのです。

そして自分の表だけでなく裏がみんなに知られてしまった場合、自分は主観的な第三者たちの晒し者になります。世界には隠れたり羽を休めたりする楽屋はもうなく、すべてが劇場になってしまって、自分がしていることは全部見透かされてしまったかのような不安。それはいわば、裸の王様コンプレックスです。身も心も鶴だと見抜かれ、傷ついて、弱いやつだと思われてしまった。そうすると、追い詰められるともう死ぬしか隠れるところがなくなります。これは矛盾することや裏表のあるやつは汚い、見にくい（醜い）ので、潔く去れという原則です。そのとき神話や昔話の中に描かれた定番の物語があるなら、人々はそれを繰り返してしまいやすいのです。

裸の王様に服を着せてくれる存在

でも、隠れないつう、そこに居座るつうがいてもいい。なぜなら、その行動が与ひょうを変える可能性があるからです。

しかし、つうが生き延びるためには、信用できる与ひょうを確保できないと無理でしょう。覗き見た与ひょうががんばって、「あれは元人間であって、時々、鶴になるんだよ」と言ってくれる「中立的第二者」である必要があります。

しかし、多くの場合で目立つのは、烏合の衆の主観的第三者しかいないことでしょう。「あいつを葬式ごっこの対象にしよう」と烏合の衆によるリンチが起こり始めたとき、両方に所属する中立的第二者がいれば、「まあまあ。あいつも時々臭いけども、おまえだって臭いじゃないか」と言ってくれる。これがすごく必要とされると思うのです。

私が第一者とすれば、あなたが第二者。夫にとっては妻であり、妻にとっては夫が、子どもにとっては母親、クライアント（患者）にとっての精神科医もそうです。

例えば家庭では、母親が中立的第二者として、子どもと世の中の橋渡し機能をうまく果たすと平和なのですが、しばしばこの母親が主観的第三者になってしまうことがあります。彼女がみんなの中の一部になってしまうと、子どもとしての私は孤立してしまいます。

これほど重要なのに、中立的で両面的な第二者は現場でがんばっていても、あまり世の中に紹介されませんでした。橋渡し役はある意味でなかなか報われない存在ですが、結局のところ、母親とその仕事が評価されないのと同じだったと思います。

母親の中立性と両面性というのはこういうことです。子どもは未熟であり、排泄をして臭く、生殖器もむき出しの丸裸の動物で、いわば裸の王様であるにもかかわらず、母親がそこに服を着せてくれて、世の中に人間であるかのように紹介してくれる。裸と文化的生活との橋渡し機能を果たすそうした第二者が信用できるからこそ、私たちは安心して、ここに生きていられると思うのです。

母親がもし主観的第三者になって、裸の王様状態である私をあざ笑っていたら、私は生きていけません。私たちの後ろを見守って、後ろからパンツやシュミーズがはみ出して見えているよと言ってくれたり、背中が汚れているよと拭ってくれたりする人がいたという、後ろの守りの記憶が、目の前の世界を安心できるものとして、体験させてくれるのだろうと思います。

もともと自分は赤ん坊で、動物で衝動の塊だった。それに対して、現実の世界は臭いものには蓋をし、弱いものを許さない。この自分と現実との間を取り持ってくれたのは、まず最初に心の中身に触れて抱え、言葉で代弁し、未熟な私の背中を押して世界に紹介してくれた母親、つまり第二者であり仲介者、「あなた」だったと思うのです。

外で配偶者の悪口を言う第二者

問題は、この「あなた」が私を次々に裏切る構図が現代社会のあちこちで見られていることです。つまり、第一者に対する第二者の裏切りです。

例えば、妻が夫に包み隠さず何でも話していたら、その夫が外でべらべらと妻の悪口を言っていたというようなことがあったり、子どもが母親に自分の恥ずかしいところを話していたら、その母親がほかの兄弟や父親にしゃべっていたというようなことです。

生徒が学校の教師を信用し、自分の欠点をさらけ出したら、その先生が通信簿に「お子さんにはこのようなところがあります」と書いて親に伝えてしまう。それは密通、情報の横流しというべきものです。第二者が第一者について何かを言いたいのであれば、本来、第一者である自分に言うべきだろうと思います。

先ほど触れた政治家とジャーナリストの関係もそうです。ジャーナリストと大衆のモラルという話になってしまいますが、「ここだけの話」で打ち明けられた内容を平気で公言してしまうように、第二者の表と裏の使い分けと橋渡し機能が減退しているように思えるのです。

フェイスブックやミクシィなどのソーシャルネットワーキングもそうですが、「ここだけの話」がなくなって、すぐにインターネット上に公開されることが当たり前のようになっていないでしょうか。一緒に撮った写真が、断りもなくアップされるとか。

もちろん管理の失敗はあるにしても、心の秘密、体の秘密は「ここだけの話」で守られるよう努力すべきなのです。私とあなた、つまり、与ひょうとつうの間だけで保たれる二者関係の世界が「ここだけの話」を成立させています。こうした「二人だけの世界」が世の中から消えつつあるのではないでしょうか。

現在は第二者が外の世界や表の世界とつながって、「みんな」の中に消えてしまいつつあります。子にとっては、母親という第二者が家にとどまらず社会参加するにつれて、今では精神科医、カウンセラー、ソーシャルワーカーなどが人の秘密を預かる仕事を担うようになってきていて、これからますます重要になると思うのです。

医師、看護師もそうですし、警察官や不動産業者から、大工さんや自宅の水道管を修理してくれる配管の職人さんまで、人の秘密、裏側、楽屋を預かってくれる専門家が大勢います。ファッションデザイナーも人のパーソナルな部分を扱いながら、二人だけの秘密にしてくれています。料亭の女将《おかみ》やバーのママさんもそうかもしれませんし、彼女たちが「お母さん」と呼ばれるのも当然です。

二人だけの世界をつくること。信用できる強靭な「あなた」が必要なのです。世界から裏が喪失し、楽屋裏がなくなり、屋根裏がなければ、裏日本もなければ、駅裏もなくて、どこに行っても表ばかりで、自分の裏をどこに置いていいのかわからない。裏というのは心の置き場所であり、それが安心して置けるのが「あなた」の懐なのです。

「二人だけになる」ことについての先入観

精神科医をやっていてよくわかるのは、精神分析やカウンセリングは密室で行われるこ

著者が精神分析を行っていた部屋。患者は寝椅子に横たわり、対面を避けるように治療者は傍らの椅子に座る。

とが特徴だということです。しかし、外から見ると、密室主義は人を不安にさせます。世の中から離れてカウンセラーとクライアントの二人だけになるわけですから、そこで二人は「できている」のではないか、誘惑されているのではないか、あるいは何かよからぬことを企んでいるのではないかと、周囲の人たちは空想し、想像をたくましくして嫉妬するのです。

「みんな」は、仲間が二人だけになるということに、どうも耐えられないようです。二人だけでハワイに消えたと週刊誌がスキャンダルにして報道する文化が、二人でいることを難しくしています。結婚などの認められた制度の下でしか、二人だけになれないのです。

精神科医と患者とが二人だけになると、マインドコントロールされているのではないかというような空想が周囲に膨らんでしまうかもしれません。例えば男性の大学教員が若い女子学生をカウンセリングしていると、マインドコントロールしているのではないかと、周りは心配するといったことが起きます。そこで私たちは「壁に耳あり、障子に目あり」で、二人だけになった密室や個室を覗き込んでしまうのです。二人になると勝手なことをやり始めるという連想が次々と働きやすいのも、神にあたる絶対的で超越的な第三者がいないからかもしれません。日本の多神教では、目の届かぬ、みんなに見えないところへ二人で消えにくいのです。

逆に言うと、二人だけになるには、人にああだこうだと空想されることを覚悟する必要があるのです。精神分析を受けるということは、周りにあれこれ言われることでもあります。ここは私たちが注意すべきところです。

プライバシーとパブリックという二分法では、内と外という日本的な二分法もそうですが、プライバシーが守られて、内と外の間の境界線が機能しなければならない。その間に立つのが第二者であるとも言えます。外部の現実にいるのが第三者であり、内側にいるのが第一者であるとすれば、その間に立つのが第二者です。この第二者の橋渡しと使い分けがうまく機能しないと、内と外が入り混じったり、内と外にあまりにも距離ができたりすることもあります。そういった存在にほどよく恵まれるのが、われわれにとっては重要と言えます。

「ここだけの話」は二人にしか聞こえない

第二者がうまく機能しない例は外国にも見られます。マイケル・ジャクソンやホイットニー・ヒューストンらが信頼することができたのは、結局、薬だけだったのかもしれません。世界的な規模の第三者を相手にした人たちは数の上では少ないけれども、ショービジネスではどんな人でも裸の王様状態になることがあるでしょう。第二者はマネージャーやボディガードであり、秘書であり、家族であり、医師、弁護士という存在だと考えられますが、その者たちがうまく機能しないと最終的に薬と酒、その他におぼれてしまうという事情は、特に大スターにおいては切実なことだと感じざるを得ません。

第二者は「後ろ盾」と呼んでもよい存在です。スターでなくとも、そういった、背中を押しながら後ろを守る後ろ盾がないと、外に出ることができなくなってしまいます。丸裸で生まれてきた存在がちゃんと服が着られるようになって、人間になったのちに、私たちは第三者である年上の兄弟や仲間たちと一人で向き合えるのです。母親が自分を動物から人間にしてくれるまでのしばらくの間、外と連絡をとらない第二者が家（ウチ＝内）を守ってくれるという世界観が持てるかどうかが、人格形成にとりすごく大きいと思います。夫にとって家内は、第二者としてそうした女房役を担うことが期待されているのでしょう。

私たちの専門的出版やケースカンファレンスでは別の特殊な配慮となるわけですが、基本的に医師には患者の秘密を守らねばならないという守秘義務があるのです。二者関係で成り立つ二人だけの世界の「ここだけの話」は大事ですから、たとえ患者が罪の意識を持ったとしても、精神科医は神の目線で「罪深い人間だ」とは言いません。あるいは、その患者がレイプなどの性的な被害に遭っていたり、父親を殺してやりたいと言ったりしても、それは絶対に外には聞こえないのです。ここには心の内側の世界があって、臨床では特定の人物と結びついた形で外にばれないよう努力するのです。

確かに人はそこを覗き込んできます。二人だけの中で、あるいは個人の中で、何が起こっているのか。内と外の間がいい加減になると、世界中がステージになってしまって、楽屋がなくなって、隠れるところがなくなるのです。

私たち精神科医は心の隠れ家を提供し、裏を置いておいてもらうところを提供するわけです。プライバシーとパブリックという意識の強い外国だからこそ、その患者と二人きりになって話をすることの重要性を初めて説いたのが、フロイトのすごいところだと思うのです。それまでは病棟に大勢でいた患者たちの話を、十分ではないにしても一人ひとり個別に聞き始めたのです。フロイトが密室における二人だけの対話を治療方法にしようとしたのは、結局、第二者との関係こそが私が生きることを可能にしてくれている基盤だと考えたからなのでしょう。

言葉の上では、どんな秘密も絶対に漏れないなんてことはない。言葉は持ち出し可能ですから。しかし、そこで起きたことは、二人だけしか知らないのです。そういう世界、つまりは自分には裏を置いておける家（ウチ）があると確信できるなら、生きることに伴う安心感が違います。そうした後ろ盾となる第二者や心の隠れ場所がそこにあるなら、つまり『夕鶴』のつうのように、表と裏の両方を見られてしまったときにも、与ひょうが騒がなければ逃げ出さずにすむはずなのです。

キーワード

*「あなた」

第一者である私を守り、世界へ橋渡しをしてくれる中立的第二者。

*「みんな」

中立的、客観的ではなく、主観的な第三者として、しばしば烏合の衆となる。

第三章　人生は「三角関係」である

――心の基本構造

表と裏をキーワードに日本人の心を見てきました。それは深層の心の形の一つの表れ方でもあります。精神分析学では人間の心の成長には、私、母親、父親という三角関係が大切な役割を果たしていると考えます。同時に、日本人を含む人間としての特徴はその三角関係のあり方にもよく表れています。ここでは精神分析学の考え方を紹介しながら、日本人の深層心理を同時に考えることにしましょう。

精神分析は文化を超えた言語

精神分析は「普遍言語」になり得ると私は考えています。国や文化が違っていても、人間の心の基本的な構造は共通のものだからです。西洋で生まれた精神分析の考え方ではありますが、日本人にもあてはまるし、ほかの国や文化に暮らす人にも同様にあてはまるはずです。

現在、中国では精神分析学が本格的に紹介されたばかりです。もちろん一〇〇年ほど前から、中国に精神分析学を導入しようと努力してきた人たちはいますが、現在行われているのは、フロイトの精神分析学の書物を中国語に訳す作業で、これによって中国でも本格的な精神分析学が始まると思われます。私も中国での専門家の集まりに招かれて話をしたことがありますが、もちろん精神分析学の考え方は中国でも通用するのです。

というのは父親、母親、あるいはその代理者のいない子どもはいないし、子どもであったことのない大人はいません。そうしたことを話し始めたら、孔子、孟子とか、経済原則といった特定の話題よりも、「お母さんは冷たい人だった」とか、「お父さんが厳しすぎて、反抗できなかった」といった誰にも共通の観点から話をすることができます。

子どもの心の中では、それが揚子江であるかどうかは関係なく、大きな川が流れていたという話でしかないのです。それはある日本人においては、住んでいた場所とは利根川のそばかもしれないし、天竜川の上流かもしれません。しかし、山があり、谷があり、川に橋がかかっていて、私の家があって、周りは隣の家まで三キロ離れている荒野だったと言えば、それは日本なのか、中国なのか、アメリカ、ヨーロッパなのかといった違いがなくなっていくのです。

日本でも日本海側と太平洋側、山陰地方と山陽地方と言って地域を分けていますが、心にとっての違いとして地域にあるのは、例えば、主に冬の寒さとか夕焼けが沈んでいく時刻の違いだけだったということになります。場所や時刻によって夕日は全然違って見えるかもしれないけれど、地名を消すなら、早期の人生体験における大きな違いとは、主に父や母との関係の違いだということに気がつきます。さらに、幼い主観的な心にとっては、外からやってくる言語や文化ですらあまり大した問題ではないのです。

これはいろいろな洞察を生んでくれます。また私のように言語、文化の違いを強調することは、文化の違いに固執してナショナリズムに走ることにはなりません。むしろ、いろいろなコミュニケーションが成立し、違いについて意見を交換できて、お互いを知り、理解の促進につながるのです。

しばしば政治的な利害対立もあり、中国人と日本人、あるいは韓国人と日本人の間ではなかなか話がうまく通じ合わないと感じている方もいるかもしれません。しかし、精神分析学会の中国大会に行くと、私はそれを感じなくなります。父親・母親・子どもという観点で物事を説明し始めた途端に、共通言語が生まれるのです。こうして生まれる精神分析という共通言語の可能性はすごくおもしろいと思います。人は、表向きは大きく違うように生きていますが、裏では、つまり深層心理学的には似ているということを話し合えることも大きいと思うのです。

フロイトと交流のあった日本人

日本での精神分析の導入は戦前に始まっています。一九二七年に東北帝國大学教授の丸井清泰がウィーンに送った書簡に対して、フロイトは返事を書いています。丸井が日本でのフロイトの書籍の翻訳許可を願い出たのに対して、フロイトはすぐに許可を与えています。

また、すでにアメリカで心理学を学び、日本で労働心理学を研究していた矢部八重吉は一九三〇年、ロンドンへの留学の帰りにフロイトと会い、自身が日本語訳を行った『快楽原則の彼岸』の難解さに触れたり、フロイトの言う「死の本能」は仏教に通じるところがあり、日本人には理解が容易だと述べ、談笑をしたと言われています。

このように日本人は早くから精神分析に関心を示し、受容しようとしてきました。その一方で、日本の精神分析の黎明期にフロイトと書簡を交わしたり、直接交流をしたりした先人たちは、自ら訓練分析を受けるためのお金がない、時間がない、言葉がうまくしゃべれないなど、そこにさまざまな障害があったことを訴えています。今日と異なり、留学自体に大変な困難を伴い、留学できても思うように満足に学ぶことのできなかった時代だったのでしょう。

しかし、その一方で、私がイギリスのロンドンで学んだときに、言葉が自由に操れないという点については「心の言葉を話したくないのですね」と解釈されたことが思い出されます。時代も異なり、学習のための条件も異なっているとはいえ、日本人の心の蓋をとろうとする精神分析に対して、心理的な葛藤があり、抵抗するという文化的な要素もあったのだろうと思います。こうした日本人の精神分析に対する抵抗感は、今でも続いていると私は考えています。それについても、のちに触れてみることにしましょう。

心の表と裏を「私」が橋渡しする

まず精神分析とは何か、中心的な考え方を説明しておきます。

精神分析は表面と深層というように心を二つに分けて考えます。代表的なのは「意識」と「無意識」ですが、一般向けにはこれを「現実」と「空想」と言ってもかまわないでしょう。意識と無意識と言ってしまうと、遠い心のありようになってしまいますが、日本語ではすでに触れたような裏と表、本音と建て前、私と公と言い換えると、この二重構造は日本人にもピンときやすいと思います。私たちはこの心の二重構造を生きているのです。

表はみんなそれぞれの見かけが違います。目や鼻、口といった顔つき、肌の色、そして言語も時代も違いがあります。一方、裏については日本語では、心恥《うらは》ずかしい、裏寂《うらさみ》しいと言うように、心のことを指します。

裏は目になかなか見えにくい領域のことを指しています。心が目に見えにくいことは、日本人にもよくわかっていて、人は裏で泣きながら、心の裏を恥ずかしがる（うらはずかしい）といった行動が共有されています。

この深層と表層の二重構造という基本は、世界中の人間が同じように持っていると思われます。そして精神分析学では心を二つの領域に分けて、表の部分と裏の部分があると考え、さらにそこを統合、あるいは橋渡ししている「私」がいると考えます。これをフロイト学派の精神分析学用語を最大限に活用しながら言うと、表が「超自我」で現実的であり親の要求や禁止を表す部分。裏が「エス」あるいは「イド」と呼ばれて欲動や衝動に振り回される部分です。そして、その間で不安と葛藤を経験しながらその両方を渡しているのが「自我」です。「じが」という濁音の響きを不愉快がる人もいますので、本書では主に「私」と呼ぶことにしましょう。つまり「超自我」と「エス」の間を分けて渡しているのが「私」だというわけです。

心の中には「動物」が棲んでいる

エスの内容は身体に根ざしていて、衝動的で腹を空かせている、そして泣いてばかりいるものかもしれません。情緒と欲の塊のような人間の中の動物的で幼稚な部分で、快楽を志向するものです。一方、超自我が志向するのはこう生きなければならないという倫理や良心のようなもので現実的です。おまえはこう生きろと責める超自我に対して、心の中には、そんなものは放り出して、「知らないよ」と言っている子ども、あるいは動物がいるのです。

人はパンのために生きているわけではありませんが、働いてパンを得なければやはり生きていけないという葛藤があります。このようにパンを求める「身体」と働かねばならない「現実」、そして「私」という具合に三点の抗争に強調点を置いて、その三角関係を考えていくこともできます。

フロイトが「エス」と呼んだのは卓見だと思います。「エス」はドイツ語で「それ」という意味で、英語では「イド」と訳されましたが、「it」にあたります。実際、英語でもそうであるように、it は指示代名詞として、動物であったり、子どもであったり、天気であったりします。つまり、私は心の中に動物や子どもや天気がいると考えてもよいと思うのです。

言わば、動物に対する人間、子どもに対する親が超自我で、こういう二重性ゆえ快楽志向は現実志向とぶつかることになります。動物や子どもはメタファーとも言えますので、いろいろな言い換えが可能ですが、そういうふうに言葉で置き換えられるのは、もともと言語の構造がそうであるからでしょう。心の中の子どもは、母親に向け言いたいことが山ほどあっても、言いたいことをどうしても言いたいようには言えないわけで、絶対に国語の文法に従って言葉を発する必要があるのです。つまり、個人は母親的対象に言葉で結びつこうとしながら、「みんな」にわかってもらうためには父親的な法に従わねばならないという、この言語の三角関係の図式は、家族の構造をそのまま取り入れているとも言えます。子どもと母親との関係、父親との関係を反映して、言語がそういう家族的構造になっているのです。いずれにしても、育ちが言語の影響を受け、さらに言語が育ちの影響を受けていると言えるわけです。

私、母親、父親から成る三角関係

三角関係は次のように言うこともできます。

自分の表の部分は外の世界に向かうものです。表は現実の中で学んだり、自分の中にある「親」に適応したものです。その裏には「子」が愛を求めて愛に飢え、怒り悲しみ、泣いてばかりいて、傷ついています。外向きの自己と内側の自己の間に「私」がいて、その両方の自己を取り持って生きています。そして、そんな私が成長したものが「大人」になるのです。こうして心の中に、内と外と私の三項から成る三角形があるのです。

その三角関係は、もともと家庭の中にあったものだとも言えます。私が三角の第一項だとするなら、第二項の母親がとても弱々しい人だとして、第三項の父親は強い人で弱さを認めないという場合があり、その逆もあります。その三角関係の中で子どもが大人になろうとしたとき、父親につくか、母親につくか、苦しむこともあります。

あるいは子どもにとって母親は憧れで、愛情欲求の対象だとすると、父はそのライバルということになります。子どもである私が母親をめぐって父親と競って、やがて勝つのは、私が成長し大人になることでもあります。このように家の中で、そして心の中で、そして人生で、三角関係の物語が繰り返されていると考えることもできます。

また、外は雪が降っているけれど、家は温かかった。でも、家が貧乏だったので、心の中の温かい家との深いつながりを断って、外に飛び出して、働かざるを得なかった。家に退却すれば負けだし、外を進めば雪という状況の中で、自分はなんとか、ある程度のものを打ち立てることができた。心の中をこのように見ると、なかなか両立しない外と内と私の三角関係を生きて私は人生を創造していると考えることもできます。

あるいはこんな家庭もあるかもしれません。母親が病気がちで、父親が横暴だったから、私は母を助け守るために、自分で努力し、父親に対抗しながらがんばらざるを得なかった。この場合も、母親と父親と私という三角関係で物語が展開していきます。私と母親と弟という三人でも、三角関係が発展しうるのです。

こうして、心的構造として自分の中の子どもと、自分の外の親と、そして私という大人の部分を強調し、自我という心的な中心を際立たせることもできます。また家族構造として、自分の中の私の愛情を引き寄せてやまない家族の中の母親であり、それを押さえつける父親であるというような形で子どもの「人生物語（ライフストーリィ）」をスタートさせることもできます。

人の成長を決定づけるエディプス・コンプレックス

子ども、母親そして父親から成り立つ、家族の中で誕生する三角関係は、精神分析学で大変重視されるものです。フロイトはそれを「エディプス・コンプレックス」と呼びましたが、これは父性コンプレックス、あるいは父親コンプレックスとも呼んで、その父性原理を強調することもあります。

最初、子どもは母親しかいない世界を生きますが、やがてそこに父親が第三者として登場します。『帰って来たヨッパライ』は「酒はうまいし　ねえちゃんは綺麗だ」であったところに、父親的な存在の神様がやってきて、私を追い出すという物語でした。

フロイトが神経症の患者の話を聞いていると、息子たちの悩みとしては、母親との近親姦的な結びつきがあり、その間に割って入る父親が何度も登場しました。その父親との対決、敵対関係があり、それを通して、息子たちは自立していくのです。しかし、それが悲劇に終わるとすれば、父親を殺すことになり、母親との近親姦が実現してしまうことになります。

こうした物語が、古代ギリシャの劇作家ソポクレスの『オイディプス（エディプス）王』という劇に描かれています。

生まれたばかりのエディプスは捨てられてしまいます。父親である王ラーイオスは、子どもをつくるとその子に自分が殺されるとの神託を受けていたからです。成長したエディプスはやはり神託で、両親を殺すことになるから故郷に近づかないようにと告げられ、旅に出ます。戦車に乗って旅をしているところに、ある従者が現れて道をあけるようにと言い、従わなかったエディプスの馬を殺してしまいます。怒ったエディプスはその従者と主人を殺します。その主人とは父親である王ラーイオスだったのです。

それを知らないまま冒険の旅を続けるエディプスは、スフィンクスという怪物が謎をかけては人々を苦しめていたのを見て、その謎を解くとスフィンクスは死んでしまいました。エディプスは褒美としてテバイの王となり、イオカステという女性と結婚しました。ところがテバイの国では災いが続くのです。その原因を神託などによって究明し、追い詰めていくと、旅の途中で殺した人物が自分の父親であり、結婚した女性は自分の母親であったことを知るのです。母親は自殺し、両目をえぐり目の見えなくなったエディプスは追放されるのです。

フロイトは、この物語に母親への愛情欲求、父親への敵対という三角関係を見いだします。それは子どもの成長の過程で、意識的、無意識的に体験することだと考えたのです。最後に真実を知り、両目を突いて退場した行為をフロイトは「去勢」と言って、人間としての資格を失ってしまったという意味の象徴であると考えます。

ここには真実を直視できなかったという意味もあると思いますが、エディプスは一所懸命、それを見ようとします。そして見ようとして真実を発見したところが、その真実によって裏切られてしまうのが悲劇の原則なのです。『夕鶴』の「見るなの禁止」もそうで、つうが鶴だったということを発見したら、それは悲劇に終わってしまうのです。アリストテレスは悲劇とはそういうものだと言っています。つまり、発見が悲劇的結末に連動するというのです。それは見事に『オイディプス王』の悲劇性を説明しています。

家族の三角関係で言うと、子どもと母親の間に割って入り、自立させる第三者がいるのです。それは横槍を入れる父親像であり、別の意味では愛すべき存在ですが、息子にとっては殺してしまいたいほど憎い存在として位置づけられます。

女性が直面するエレクトラ・コンプレックス

エディプス・コンプレックスの子どもは男の子が想定されています。つまり息子と母親、父親の物語なのです。それに対して、娘にとってはどうかという発想があります。家族の三角関係は娘にとってもあり、それを一時期フロイトの弟子だったC・G・ユングは「エレクトラ・コンプレックス」と呼んでいます。

エレクトラはギリシャ神話に登場する女性で、母親の裏切りによって殺された父親に対して強い思慕の念を抱き続けます。母親とは敵対関係になり、最後には弟と一緒になって母親をやっつけるという物語です。結局、弟の力を借りるという女性的な立場を強調することになっています。

もう一つ典型的な物語は『白雪姫』です。「世界で一番美しい女性はだあれ」と鏡に尋ねるあの王妃は昔話では白雪姫の継母とされていますが、グリム童話では実母になっていたりと、いろいろな議論がある物語でもあります。家族の三角関係で言うと第三者となる父親は出てきませんが、この物語の場合、それは王子様と考えてよいでしょう。あどけない白雪姫が王子様を待ち焦がれますが、娘が幸せそうなところを見ると母親が嫉妬します。だから、そこで白雪姫は母親と対決せねばならないのです。

継母だと嫉妬するのは理解されやすいけれど、実母ならば娘が成長することを喜ぶのではないかと言う人もいますが、必ずしもそうではありません。娘は新しいセクシュアリティの下で自由に生きていくのに対し、母親は容貌がだんだんと衰え、力もなくなっていきます。娘が自立していくことに対して、根源論的な嫉妬を抱いてしまうというケースは、現代の家庭でも後を絶たないと思います。だから、娘は自立しにくいとも言われます。

白雪姫が幸せになるためには、エレクトラが弟の助けを得たように、七人の小人たちの助けを得て、母親と対決することで自立し、やがて王子様と出会うというわけです。恋に落ちる王子様は、家族の三角関係の中でも第三者に相当するかもしれません。白雪姫と王子様という愛情の対象と、敵対する同性の親との三角関係なのです。

この三角関係の構図はシンデレラの物語にもあります。シンデレラは母親から床磨きなどのいろいろな仕事をさせられて、家から外出することができないでいます。最後にはそこに王子様が迎えにやってきます。ここでもシンデレラと王子様の二者関係と、それに敵対する母親と姉たちという構図があります。これが女性が幸せになるためには通過せねばならない課題なのです。

精神分析は男性の場合も女性の場合も含めて、こうした三角関係をエディプス・コンプレックスと呼びました。敵対せねばならない相手とは自分に嫉妬する同性の親や兄弟姉妹です。子どもは同性の親の子どもに対する嫉妬に出会い、親やライバルをやっつけたり殺したりすることで葛藤を克服し、成長していきます。

物語では、男にとって敵対せねばならないのは、嫉妬深い大男であったり、王様であったり、『ジャックと豆の木』のような巨人であったりします。そうした強大な力によって突き落とされながらも成長していきます。娘たちにとってはそれが魔女であったり、継母であったりします。

息子にとって父親は、優しい存在であると同時に怖い存在です。その両面を合わせ持つことが「アンビバレンツ（二律背反）」で、同じ対象に対して相反する情緒を持つものです。白雪姫にとっても母親のことは大事だけれども、一方では憎い相手でもあるというように、好きと嫌いという、相反する情緒があります。そのまま育つと、好き嫌いが激しくて、好きと嫌い、敵と味方しかない性格となるのです。しかし、愛と憎しみのバランスをうまくとって中和して、親に対してよい距離をとって、三角関係をうまくこなせるようになることが、勝ち抜いて、幸せになったり、落ち着いていったりするためには、絶対に欠かすことができないのです。

家族の三角関係は何度も反復される

スポーツでもそうです。勝つためには敵に同情していられません。たとえいいやつであってもむかつくという、相反する情緒を持ちます。野球を例に挙げれば、一塁で殺され、二塁で刺され、三塁を盗まれるスポーツですから、世の中でやってはいけないことを全部行っているようなものです。「三塁で走者が死にました」と言っては、みんなで拍手しているわけです。

そういう意味では、攻撃性がうまく処理される舞台として三角関係があるのです。勝負やゲームに勝つと勝利の女神のキスを得ることができるという構図は、人間を強くするためにはぜひ生かされるべき、人間を強くするためには必要なシステムだろうと思います。

ところが小学校に行くと、競争はよくないということで順位はつけられなくなってい て、みんなが一等賞になってしまう感覚の下で教育が行われることがあります。いわゆる「悪平等」と言われるものですが、こうした反・三角関係論が、教育にまで及ぶこともあります。

確かに三角関係は、競い合って差をつけ、勝者を決めるシステムですから、ある意味で怖いところがあります。勝つだけではなく、誰かを突き落とすシステムですから。

ただし精神分析学の大事な考え方は、ある特定の価値観を押しつけているわけではないということです。むしろ家族の三角関係を生きた過去の台本が、今も私の中で物語となって、相手役を変えながら繰り返されていると考えるのです。

家族の三角関係である程度まで揉まれた人間は、外では強くなるということも言えます。家族の中で三角関係を生き抜く台本が書かれるので、それがそのあとも延々、繰り返されやすい。そして、三角関係に直面すると、すぐに母親に助けを求めてしまうという自分の中の情けない生き方もまた、将来、社会に出ても反復してしまうものです。好き嫌いの激しい人は、統合の機会を得ないなら成長してからも敵と味方に世界を分類してしまうのです。

長男だったか、次男だったか、末っ子だったか、あるいは兄弟がいなくて一人っ子だったとか、それとも家では女の子が求められなかった、女ばかりだった、などの家族構造のパターンを「家族物語」と言いますが、家族の中で生まれた台本、家族の中で生きた物語は繰り返されていきます。男兄弟がいなくて父親が弱い家庭の出身で、いつも男たちとうまくやれない女性の三角関係の物語は、いつも男性排除の物語として繰り返されやすいかもしれません。

子どものときに父親を「父さん」と呼んでいたのが、結婚して独立して子どもができると、夫を「父さん」と呼んだりします。夫は夫で、妻のことを「なんだよ、母さん」と言って昔の三角関係を繰り返しています。バーの女主人のことを客は「ママさん」と呼び、ママさんは客はみんな子どもみたいなもんだと言ってみたりと、こうしたところでも家族物語が反復されます。

フロイトは自己の出生と育ちに関する空想的体験を「ファミリーロマンス（家族小説）」と呼びましたが、これを人間は一番最初の小説として生きます。それは大抵、家族の三角関係の物語であり、それが神話にそのまま反映されていると考えるのです。

子どもを崖から突き落とす

ところが、日本の昔話を見てみると、私と相手という二者関係が多く、『夕鶴』に代表される「見るなの禁止」の物語でも、邪魔な第三者が出てくることは滅多にありません。嫉妬深い魔女や継母が出てきて、それと主人公が対決することは少ないようです。『古事記』では、死んだ母神イザナミは父神イザナキに激怒しましたが、イザナミが黄泉平坂《よもつひらさか》で追放されて以来、ずっと、恥じる女性主人公たちはおとなしく退去せねばならないようです。

それでも、嫉妬深い父親像やライバルが、私を崖から突き落として、這い上がっていくのをまた蹴飛ばして、這い上がる強さを持った英雄にするといった展開は、日本でも古典的なのです。そして最後に、勝った王子が姫と結ばれるのも定番なのです。

例えば日本神話では、大国主《おおくにぬし》がたくさんの兄弟たち（八十神《やそがみ》）の攻撃やスサノオとの争いを通して立派な男子となっていく物語が有名でしょう。物語ではオオナムジ（のちの大国主）の生き残りには母親の援助が必要であり、スセリビメを得るためにその父スサノオと闘う必要があるのです。前者では主人公とライバルそして母の三角関係が、後者では主人公と姫とその父の三角関係が、主人公を強くしているのです。

こうして、物語になっているほうが、それを象徴化して取り扱っているし、私たちがそれに圧倒されたときにどうしたらいいのかを教えてもくれています。物語にできないぐらいタブーになっているなら、鬼嫁がいて、鬼のような母親もいるけれど、それを口にできない、言葉で言うことすら怖がっているのかもしれません。

歌謡曲でも「あなた」に関する歌は多いけれども、第三者というライバルと対決する物語はなかなか見当たらず、主に二者関係の歌ばかりです。『帰って来たヨッパライ』が珍しいのは、三角関係を歌っているからです。

母子関係、母ものというジャンルは歌の中でたくさん出てきます。こういう母もの、二者関係が多いのは、結局、三角関係からの撤退、退行を示すものです。何かストレスが加わると、子ども返りという前の段階に退行してしまって、古い慣れ親しんだ解決策で済まそうとするのです。三角関係で公平に優劣をつけにくい場合は、失敗や失言という欠点で優劣をつけようとするのです。勝った／負けたで優劣をつけるよりも、失敗したかどうかで人を評価し、ちゃんとしつけられていないあいつはだめだと決めつけたりします。皆さんも、おそらくそういう経験をしたことがあると思います。

いつまで経っても、言い間違えたり、失敗したり、恥をかいたりした話がついて回り、いい仕事をしても失敗だけがその人の評価になってしまう。つらい話ですが、これは皆さんも、毎日のように職場や社会で経験しておられるだろうと思います。汚点はなかなか拭えないのです。加点主義というよりも減点主義、あるいは「汚点主義」で、優劣を競って、勝ってポイントがつくよりも、恥をかいてマイナス点がつくというのは、嫌な社会だと言えます。

以上、精神分析学の中心的な考え方であるエディプス・コンプレックスという三角関係について見てきました。普遍的な心の基本構造でありながら、その表れ方では日本に特徴的な要素もあります。これからの章では、さらに三角関係の働きをさまざまな側面から論じながら、私たちの心のありようを考えていきます。

キーワード

＊三角関係

現実や親を代表する「超自我」、情緒や衝動の塊である「エス」もしくは「イド」、その両方を橋渡しする「自我」つまり「私」から成る三角関係。

＊エディプス・コンプレックス

子どもの成長の過程で生じる母親への愛情欲求、父親への敵対から成る三角関係。その体験が個人の生涯にわたって反復される。

＊エレクトラ・コンプレックス

女の子が父親に愛情を求め、母親と敵対する三角関係。フロイトのエディプス・コンプレックスに対して、ユングが提唱した。

第四章 私たちはどうして神経質なのか

――フロイトの発達理論

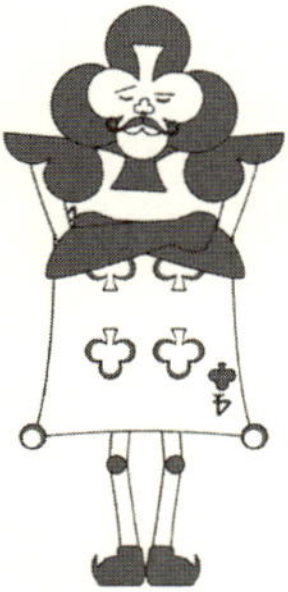

家族の三角関係はどのように生まれてくるのか、ここでは子どもの発達理論をモデルにして詳しく見ることにします。個人の過去を長く引きずってそれが生涯にわたって反復されるのはなぜか、くよくよ考える神経質と、「禊《みそ》ぎ、祓《はら》い」などの清潔好きとが日本文化の中で特徴となる理由を考えていくことにしましょう。

性的な欲動に注目した発達理論

フロイトの構想した「心理性的発達理論（Psychosexual Developmental Theory）」があります。これは実際の子どもの発達を観察した結果、生まれた理論ではありません。精神科医としてクライアントに接しているときに、クライアントが語る過去を分析していくと、多くの人が躓《つまず》いたり、滞ったり、あるいは発達をその先へ展開させなかったりするところが見いだせます。満足を得ることができた、あるいは外傷体験を受けたという経験から、その段階の生き方のモードに執着してしまうところがあるのです。それを「固着点」と呼びますが、精神分析学はこれを観察しながら、課題や葛藤を分類して、発達段階を考えていったのです。

フロイトは、身体的に刺激されやすい部位や、興奮しやすい部位で発達段階を分けていくという発想にたどり着きました。順番に、「口唇期」「肛門期」「男根期」「エディプス期」などです。そしてこれは、性格を身体の比喩で語るための、実に言葉の宝庫となる理論なのです。

最初の口唇期は、母親から乳をもらって吸うという、口で世界と交流する段階。次が肛門期で、便意や尿意の感覚に目覚めて、身体を自分で随意に動かせるようになって、排泄を管理することができるようになる時期です。そして男根期は男女の性別を決定する性器に関心が芽生える時期です。ペニスの有無が男女差をつくっていて、母親と父親の区別がついて、息子なら母親に執着しながら、父親と敵対する三角関係の時期をエディプス期と呼びます。男根期は移行期でエディプス期と重なる部分があるため、両者の区別を強調しない場合もあります。母子関係が重要となる口唇期と肛門期をプレエディパル（エディプス以前）と呼ぶこともあります。

清潔好きが神経質な人間をつくるのか

日本人の口唇期の問題について注目した考察が、例えば、第一章の冒頭で紹介した土居

喜多川歌麿「栗」

健郎の「甘え」の理論です。口唇期に特有の母親との一体感がもたらす安心感を求め、他人に依存的な関係になることを「甘え」と言いますが、日本人は甘えるとか、あるいは甘えられないことで葛藤しやすいとかという話はわかりやすく、国際的にも高い評価を受けました。

生まれて最初の段階である口唇期に、母親に甘やかしてもらうことに満足を得て、それに対する執着が生まれやすいのです。そのために、何か強いストレスがかかると、すぐに他人に甘えようとする心性へと退行してしまいやすいというわけです。

フロイトの考えを受け継いだE・H・エリクソンの発達段階理論では、最初の口唇期を「基本的信頼の段階」と呼んでいます。生まれた赤ちゃんは口を通して世界と関わるわけで、何でも真に受けて望みどおりに口に入れたときの安心感が根づくと基本的な信頼が生まれます。しかし、それが裏切られると基本的不信感が芽生えて、世界に対する不信感が生まれていきます。ですから、これは「信頼対不信感の段階」とも呼ばれています。

エリクソンはその次の肛門期を「自律性の段階」と言います。世界との関わり方で、もっとも大きな変化は排泄を自分でコントロールできるようになることで、うまく自己管理ができると自信が生まれていきます。しかし、それに失敗すると、自分に自信が持てず、「恥」の感覚が生まれていきます。

日本の子どもたちなら多くが経験していることですが、トイレや排泄物にまつわるからかいが日常的にあり、排泄がうまくコントロールできないとみんなの前で大恥をかきます。そうした恥をかく恐怖を味わって、大人になっていきます。

自分の身体を自分で面倒見ることができるかどうかが問われ、これをクリアできるならそこである程度自立と自律の感覚を得るわけです。身体内容物を自分で管理できるようになって綺麗になる。あるいは、それまで服を着せてもらっていたのが、普通は自分で服を着ることができるようになる。それが肛門期の主要な課題です。

この肛門期のあり方には文化差があるのではないかと、精神分析学の世界で問われたことがあります。たんにトイレットトレーニング（清潔訓練）が厳しいからといって、些細なことにこだわる性格が生まれたり、神経質な人間が生まれたりすることは広く証明されませんでしたが、とても大事な発想だと思います。

というのも、ジェフリー・ゴーラーというイギリスの社会学者が示唆していることですが、日本人は育児のときにも汚いものや恥ずかしいことにこだわることが問題のようです。文化的にも「禊ぎ・祓い・清め」などで、汚いものをなくすことを重視しており、そういう神経質な育児環境や文化のために神経質な子どもが生まれやすく、その結果、神経質な国民性が生まれているのではないかという仮説が提案されていました。これは私たちの民俗的な神経症や「恥の文化」を比喩的に理解するための手掛かりでもあります。

つまり甘えで口唇期にしがみつくだけでなく、汚いものやその処理の失敗にこだわって清潔訓練の課題に拘泥《こうでい》しているということになります。どちらもエディプス期以前で、そこで成長が止まってしまって、固執するなら、男女の違いや同性の親と対峙するエディプス期に参加できないのではないかという考え方も可能になります。

穢れはうつる

こうした「エーナル・キャラクター（anal character）」の特徴は几帳面、頑固、ケチなどです。日本語の表現で「ケツの穴が小さい」や「ケツの穴が細い」などがありますが、まさにその特徴を示しています。しつけや清潔訓練を、汚い物質、醜いもの、穢れの「うつる／うつす」ことに対してとても敏感になって行うために、そういうことに神経質なパーソナリティを生んでしまっているというのです。

また、次の重要な発達段階であるエディプス期の家族の三角関係に参加する際に、自分は汚くて醜いから、恥ずかしくて人前に出られないという思いが自分をたじろがせているなら、清潔訓練の段階への逆戻り的な退行と固着を強化していると言えるのでしょう。だから結果的に自分の中にある醜さや弱さ、欲望あるいは動物、子どもなどの部分を人前に出せず、表向きだけ綺麗にし整えて、裏は汚いし恥ずかしいという感覚を生んでしまっているケースが多いようです。

こうして誕生する、日本人の古典的な性格の一つが、清潔／不潔にこだわるキャラクターである可能性だというわけです。必ず靴を脱いで、外から家に上がるという習慣もこれにつながっているでしょう。もちろん人間は十人十色でいろいろな人がいるので、ひとくくりにしてしまうわけにはいかないのですが、古典的な日本文化のありようとして、穢れ、清潔／不潔、醜悪などに強くこだわることは間違いありません。この綺麗好きが、神道を通じて国家規模で実践され、天皇制に関わる儀礼意識にまで通底させられたことがあると思います。

ところがもっとも悩ましいのは、このことについて語ること自体がタブーになっていることです。汚いものについて語ると、自分も周囲も、語っている人までもが汚いものが広がるように感じたりするのです。そして、問題は見えない下へ、先へ、周辺へと追いやられることになります。

一方、甘えについて話をしているときはとても綺麗です。「うまい」という言葉を「甘い」と書いたり、「上手い」と書いたり、「美い」と書いたりもします。やはり甘えは美しいものなのです。また、大きな大人から子どもへと、つまり上から下へと下げ渡される愛こそ「甘え」であり、これを甘んじて受け取るのが「甘え」ですが、古い日本のように家の中で皆が座っていた時代ではこれが今より実現しやすかったのでしょう。しかし、西洋文明とは「立つ文化」であり、皆が立って生活する文化に移行すると、今度は自分から上に向かって飛びつかないと、「甘え」もさらに実現しにくくなったのではないでしょうか。

私たちが人目を気にするのはなぜか

その甘やかされ無神経でいることが許される口唇期から、肛門期の段階に入ると世界が清潔を厳しく要求してきます。そして自らの汚いものは、取り去り流さなくてはいけないということを教わります。甘え甘やかされてきていた無神経な乳幼児が、そこで初めて外的な世界と敵対することになります。世の中は清潔を要求するけれど、自分にはそれをうまくコントロールすることができないとすると、そこで、世界の価値観と自分との利害が不一致になる経験をするのです。そこで無理に厳しくしつけられるとなると神経質な人が生まれるという考え方は、とてもよくできたモデルだと思います。

それに失敗すると、排泄がコントロールできない情けないやつになって、恥をかいてしまう。注目すべき段階なのですが、この実態を綺麗に語ろうとするのは難しいことで、まさに綺麗事ではすまされないように感じるところです。

例えば、普段マネージメントで手を汚している人間が、その失敗についてくどくど弁解すると、さらに汚いことを口にしてみっともなく見えそうなので、「潔くない」と感じるわけです。気をつけねばならないのは、このシステムに身を投じて失敗するなら、些細なことを鬼の首でもとられたように感じて、自分まで水に流し物事を消して片づけようとしてしまうことです。

多くの人が幼少期のことを考えてみると、学校でトイレに行っている時間が長いと、友達にうんこしていたんじゃないかと思われるのがとても嫌だったという経験があります。また、日本人はトイレで排泄している音や水を流す音が聞こえることに神経質で、トイレ用擬音装置の「音姫」などをつくったりします。ウォシュレットが日本の世界に名立たる発明の一つとされるのも、こうした日本人の特徴と関係があると考えることができるでしょう。

とにかく外は清潔で片づいていることが尊いようです。三〇代の未婚の女性を「片づかない娘」と言うのも、人間を見るときの神経質な感覚です。そして汚点、面汚し、などが嫌われるようです。

またそういう表での綺麗好きで溜め込み型の神経質者が、家や裏では無神経で口汚くなるというのも、清潔訓練に関わる性格だと言えます。このようにこの問題は、日本人を身近で意外に動かしているのに、精神分析的な臨床以外ではどこか語りにくいのです。もちろん、この世で汚いことや醜いものについて語ったり考えたりすることは、自らや周囲が汚くなることとは違うのですが。

ところが一方の、我が国の精神分析の専門家の間では、患者さんの心が排出することをぶつけられても、しっかりと抱えていられるセラピストの包容力が、今きわめて価値の高い資質として議論されています。人の心の秘密を抱え、理解しながらこれを保持し、そこにとどまることが包容力の表れなのです。

日本人が大らかな包容力を確保したいなら、あるいは子どもに大らかに育ってほしいと思ったら、神経質にならず、のんびりと過ごさせて、自然にこの時期を通過させればいいと思うのです。それには、慌てず時間をかけて、汚いものを置いて抱え、こつこつと醜いものをこなしていける包容力のある世話が求められるのです。

そして今や、清潔訓練の時期をのんびりと通過し大らかに育った子どもたちが生まれつつあるように思います。古典的な日本人のように人目を気にして、顔色をうかがいながら生きていく社会や風土ではうまく生き残れないかもしれませんが、外国人のような存在になって日本人を内から外から変えてくれているかもしれません。いずれにしても、このテーマはエディプス期の特徴である三角関係に入る前の重要な段階としてあるのです。

父親が私と母親の間に割って入る

次いで男根期になると、性別とともに父親が認識されるようになります。まず、最初の口唇期ではミルクを出してくれる乳房との関係があり、母親との関係が世界の中心になりました。そこに遅れて父親がやってきます。父親も保護をしてくれるという意味では母親的ですが、やがて性別とともに父親だということが認識されるようになるのです。

もちろん、はじめからペニスはそこにあるし、父親はいるけれど、次のエディプス段階では私と母親の間に割って入る第三者＝父親という点で新たな権威者、裁定者が生まれることが大事だと、精神分析は思っています。

最初子どもは母親と寝てもいいけれど、年長になるとともに寝てはいけなくなります。「そんなに甘いものではない」と言って、父親が入ってきます。そこから追い出すという構図をつくるのは、母親と寝てはいけないとする「近親姦の禁止（タブー）」なのです。最初、子どもにとって母親は恋人であり母親でもあるという万能な対象ですが、「おまえは子どもなんだから、別に女を探さねばならない」、あるいは「男を探さねばならない」という近親姦の禁止が入ってくるわけです。

この近親姦の禁止があらゆる法律の起源であり掟であると言えるでしょう。私たちが母親と結ばれるという幻想から目を覚まさせる働き、つまり父親の存在を見いだすことは、母親からの分離感を味わうことを意味しています。この禁止が心に取り入れられて絶対に「いけない」という倫理観を発生させるのが超自我であり、そこから退行すると母子関係中心の世界を生きざるを得なくなってしまいます。母子と、第三者である父の成す三角形、これが二者関係から独立するための子の自立のきっかけとなる三角関係なのです。

ペニスを失ってしまう不安感

このような早期の発達段階で私たちが味わわねばならないのは、まず「分離不安」です。母親を喪失するという分離不安であり、一体の幻想が崩れるということです。分離不安に関しては、私たちは、母親の代わりを見つけようとします。お母さん代わりになる人物を見つけたり、オモチャを見つけたりします。これを「移行対象」と呼んでいます。

愛する対象から分離されるのは恐怖であり、見捨てられるのではないかという不安につながります。そして、そのあとに特に男の子が味わわねばならないのが「去勢不安」と言われるものです。「雷様におチンチン取られちゃうよ」というように威嚇がはっきり言葉にされることがあります。普通の男の子は、「女の腐ったようなやつ」だと言われるのがとても不安なのです。そこを乗り越えると、やはり男の子はえらい、ペニスのあるものはえらいと褒められるというわけです。

女の子に対しては、「女なんだから好きなように振る舞ってはなりません」と叱られる。おしっこするにしても、しゃがんでやらねばならないし、男の子のような遊びをしていたら、「いつまでも嫁に行けないよ」と言われたり、「おとなしくしていないと女らしくない」と言われたりします。それで、ペニスのあるものが羨ましくて、逆に男のようになりたいがあまり女だけのグループをつくり、男を否定・排除しようとする傾向は、「ペニス羨望」、あるいはペニスへの嫉妬の強さを示すものかもしれません。

大人の性的関係でも、裏では女性性を要求しながら外では女性性を隠せと言う男たち。愛するときは激しく求めるが、相手が醜いと途端に萎えるペニス。その身勝手さを種族繁栄のためには認めねばならないという、女性の嫉妬と不満は、いつの時代も、尽きることを知りません。

だから、ペニスのある／なしという身体的特徴とともに、男女の力の差や父権社会の構造、さらにもっと言えば男尊女卑の考え方が男女差の感覚として、本人に強く植えつけられることになってきます。これは文化や家庭によって違いはありうると思います。そして、特に男の子を観察していると、今でも女の子のようになる恐怖があるように思われるのです。

特に狩猟民族においては、ハンティングに参加するのはどうしても男ですから、男らしく闘うことが褒め称えられるというところがあります。同時に狩猟民族では家畜を日常的に去勢します。だから、どうしてもペニスのある／なしが世界観を構成する重要な要素となるのです。

こうして、この段階で際立つのがペニス羨望と去勢不安です。それへの移行期で男の子が、いつまでも母親と寝ていてはだめと言われ、男女差のある段階への参加に伴い、自分にペニスがあるかないかが大事な要素だと、恐怖や不安とともに気づく。ただし、女の子は男女差のある段階への参加に伴い、目に見えるペニスがないために、ペニス優位の価値観に劣等感や嫉妬を抱きながらも、内なる性の発露にゆっくり目覚めていくことになります。

ただし、現代日本で注目すべきは宮崎駿監督の描くアニメです。『風の谷のナウシカ』から『崖の上のポニョ』まで、まったく男尊女卑を感じさせないし、はつらつとした女性主人公たちが登場します。特にポニョは魚の娘でありながら、逞しく上陸して男の子と生き残ろうとするのです。この映画を可能にした文化や時代を生きた子たちが、どのように成人していくのか、これから見守りたいと思います。

優劣をつけるのは悪なのか

こうして私と母親、新たに現れた父親の間に、優劣や勝負が問われる三角関係が生まれます。確認しておきたいのは、三角関係とは、劣者と優者を決め、採点をし、人を選ぶということです。女の子は走るのが遅いけれど、男の子は速いというように男女の違いを強調したり、逆に女の子の成長が早くて男の子が幼いなど、知的な優劣がそこでは際立ちます。男の子の中でもペニスの大小や、背の高い低いなど、女性をめぐって自分がすぐれているかどうか、もてるかどうか、競い合うようなことが起きてきます。

こうした社会そのものが、ライバルがご褒美を競い合う三角関係の社会だとすると、それに耐えられないと、清潔訓練の時期の「綺麗好き」の段階や、その前の口唇期の「甘え」の段階に退行することになってしまいます。それが神経症であるという理論が、フロイトの心理性的発達理論にはあります。

ところが日本人は、誰がすぐれているといった発想はあからさまに持ち込みにくいのです。あいつは賢い、こいつは頭がいいといった優者や目立つ者をつくって、選び出すことが苦手で、年功序列に頼るところがあります。実際、外国では空港や通りなどに最高権力者やヒーローの名前をつけることがしばしば見られますが、日本では「小泉空港」とか、「吉田茂ストリート」などは絶対に生まれません。

こういう観点から見ると、日本は三角関係の社会ではなく、それ以前のみんなが同じだという悪平等にとどまりやすいとも言えます。優劣に代わり、別の形で選別しようとします。それが、醜いもの汚いものを忌避する汚れの意識です。あいつは体の中、心の中に保持して閉まっておくべきことを、人前でぽろっと出したりしゃべったりしてしまったと、そうした人間がみんなの前で辱められるのです。日本社会が汚いものを体の中に保持することや見かけの清潔を大きな課題としているため、それに失敗した者は辱められやすいと思うのです。

そうして、政治家も官僚も経営者も、そして科学者までも、失言といった基本的なテストばかりを受けさせられて、「あいつはこんなくだらない失言をした」「こんな失態を見せた」という部分だけで揚げ足取り、足の引っ張り合いをされて、追及を受けてしまいます。そこで、決定的に忘れられているのは、その人がすぐれた内容を発言しているか、日本にとって大事なことを考えているかです。人物評価が、日本や組織にとっていかにプラスになるかではなく、人前で失敗したか、保持すべきものを露出したかどうかでなされてしまうのです。

『夕鶴』では、鶴であることを隠していて、それがみんなの前にさらされるだけで、大恥をかいたと退去させられてしまう。どのような反物をいくら織ったかということは、まったく評価されないのです。問題にされているのは、鶴であることを見せてしまったことだけです。

恥をかいたからと退去させられるこの選抜システムは、ある意味でとても非生産的です。優劣を無視して、失敗ばかりをあげつらって、取り繕いで消耗する。秘密の露出ばっかりがマイナス点として喧伝され、表ではなく「汚い裏」の暴露合戦が起きやすいのです。『夕鶴』は私が昔から何度も取り上げてきた昔話ですが、同じ構図で、日本という国を非生産的にしていて、つうの追放という人間の無駄遣いをしているのが見て取れるわけです。

外圧がないと動かない「父親なき社会」

どちらにしても、人間は失敗をします。日本の首相だって、野田首相は最初に自分をドジョウになぞらえた演説をして、人間臭くて確かにおもしろかったと思います。ところが、首相になると失言しないようにと、ぶら下がりの記者取材をやらなくなってしまう。そうするとおもしろくありません。

その結果、みんなが同じような発言をすることになってしまいます。共有されているのは「同類幻想」と呼んでもいいかもしれません。日本では異類であることを隠して、みんな生きていかねばならないからです。自分が実は鶴であること、動物であることを隠して、この国に参加しなくてはならない。そうしないと外の人、非国民、よそ者とされてしまいます。

こうして自分にレッテルが貼られたり、札付きになったりしないようにするため、結果的にホモジニアス・ソサエティ(homogeneous society)、つまり画一的な社会をつくり上げてしまいます。出る杭は打たれ、新しいものは登場しないし、変わった人間はおかしいとレッテルを貼られてしまうのです。

そうなると、同類幻想によって支配されたみんなが同じ意見を言ってしまうようになります。そして第一章で見たように、自分は違う意見だったという部分は隠す国をつくってしまうのです。

日本人は表と裏をつくり、結果的に汚いものや、変わっているところや、不潔なものを神経質なくらい隠してしまいます。そして人前における、美しくて可愛くかっこいいものだけを評価し、しかも、みんなと同じような価値観を共有しています。

ただし興味深いのは、こういう同類幻想を維持して、画一主義に走るということに、ひょっとしたらこれからグローバル化で地球全体がなっていくかもしれないということです。日本人のこの生き方は、一〇〇年後には、意外と世界的に通じる価値観になっているのかもしれないと感じます。

ただ、そこで失われやすいのは、優劣をつける発想でしょう。恐れなくてはならないのは、異類であることを受容し、新しいものに対して心を開くことがなくなることでしょう。日本では新たな差別がとても心配になってきていると思うのです。もちろんこれもデリケートなテーマで、言い方を間違えると差別だと排除されかねない、嫌われやすい側面があると思います。

同類幻想と画一主義から脱出するためには、異類が必要になります。そこで、日本を動かすのは外圧だとよく言われてきたわけです。国としての日本にとっては、外圧や黒船こそが第三者と呼ばれるもので、日本人は外からやってきた第三者に耳を傾けなくてはならないけれど、内側に身近に第三者を常在させることは好まないところがあります。

軍隊や警察、刑事など、私たちを管理する権威者が第三者、つまり父性として、あるいは生きた法律や掟として合理的に機能するとなると、煙たいし、面倒臭いでしょう。つまり、私たちはそのものの下で管理され、生きていくことになります。権威者とは、家の中に、心の中に、そして国内にいればいたで、また厄介な存在なのです。

そして暗い時代の愚かな父性の突出を考えるなら、巨大で男根的な父性などないほうがよくて、軍備は米国にお願いし、誰が大臣をやっても同じような権威のない政府がよいという判断もあるでしょう。その上、現代は父親が外で働いていることが多くて、家では「亭主元気で留守がいい」と言われ、子どもが印象的な父親像を見ないので、「父親なき社会」(A・ミッチャーリッヒ)になっているのだというのでしょう。

以上のように、それぞれの発達段階をどのような体験を経ながら過ぎていくかは、個人のパーソナリティやその文化の特徴も決めていると考えることができます。そして清潔訓練へのこだわりは、日本人の心のあり方を特徴づけ、それは文化のさまざまな場所に見ることができるのです。

キーワード

＊分離不安

成長初期の母親との一体感から引き離され、見捨てられるのではないかと感じる不安。甘えにつながる。

＊エーナル・キャラクター

穢れや不潔、潔いことや溜め込むことにこだわる性質。発達段階での厳しい清潔訓練と関連づけられる。

＊去勢不安

エディプス・コンプレックスにおいて、敵対する父親からペニスを去勢されるという空想による不安。父権社会の女性においてはペニス羨望を生みやすいとされる。

第五章　人はどのように「三角関係」に出会うのか

——言語のエディプス構造

発達段階で見られた「私、エス、超自我」の三角関係は、別の要素に置き換わりながら、生涯にわたり何度も反復されていきます。ここでは、私たちは成長の過程でいつどのように三角関係と出会うのか、主に私と母親との関係を、言語の習得のプロセスを通じて考えていくことにしましょう。

よりよい防衛手段を見つける「私」

家族の三角関係を人格の三角関係として考えてみると、父親や母親のしつけが超自我になり、そして自分の中にある子どもじみた衝動的な部分をエス（それ）と考えることができます。その間を取り持つのが自我、つまり「私」です。私が子どもじみた衝動と大人のしつけを橋渡しして、その三角関係を自分の心の中のパーツや仕組みとして取り入れ、完成させていきます。こうして、私は外界の法律や経済などの現実志向性を参照しながら、自分の心の中の願望や衝動的な欲望の快楽志向性との間に入って両者を調整していくのです。

調整役として「私」が妥協形成を行ったり、あるいは衝動のほうを抑え込んで現実を重視する抑圧を行ったりします。あるいは抑圧していた衝動を、現実適応のために別のものに置き換えて処理することもあります。ちょうど野球で二塁で殺して、三塁で刺してと言っているのが置き換えにあたります。また、文化的に勧められるものであれば「昇華」になります。そのほか、「反動形成」と言って、こういうことをやりたいと思っていても、まったく反対の態度をとって、規律正しく禁欲主義的に生きるというメカニズムもあります。

そうしたさまざまな精神メカニズムを「防衛機制」と呼んでいます。私は防衛機制を駆使して生きるわけです。

あまりにも汚いものや思いを抱え込みすぎて、発散させたいのに、綺麗に生きなければならない現実に生きると、お祓いや祟りに敏感になり、それを潔癖症と呼んだりします。また、あまりにも抑圧的に生きると、心の便秘になってしまい、少しも発散できないキャラクターになってしまうこともあります。自分の心の中でいつもイライラしたり、不安ばかりが募って、それが神経症をつくり出したり、へたな生き方を決定づけられることになってしまったりもします。

神経症の精神分析的な治療とは、セラピストとともに考えて、よりよい防衛機制を見つけて、置き換えていく作業だとも言えます。自分の心の中を見つめて、現実志向と快楽志向の両方のあり方を統合したり、葛藤をこなしたり、まとめたりして、自我、つまり私がよりよい防衛機制を発揮することが成熟ということになります。そうしたことを精神科医やセラピストの治療目標とするという考え方が、人格の三角関係を踏まえた治療論と言えるでしょう。

心の中ではいつも、天国の神様と這い上がっていくヨッパライとが戦っているのですが、そこで「私」はそれをどう生きるかがいつも問われる。私の自我が、ねえちゃんへの愛と神様への恐怖の間を生きて、これを解決するという形、それが人格の三角関係です。欲望と不安を総合して、よりよい防衛手段を見つける必要があるのです。

何かを決断するということも、複数の選択肢から一つ選んで、ほかを捨てるということです。そして「あれかこれか」の間で引き裂かれないで、大抵は「あれもこれも」を生きて、最終的に自分の道を選ぶことになります。

それに失敗すると、『マッチ売りの少女』のように幻覚的になるということでもあります。外へ行ってマッチを売ってこいと親は言う。外は寒いけれど、心の中ではお祖母ちゃんに出会いたいし、おいしいものを食べたい。つまり温かいものが欲しいという願望を持っています。マッチを擦れば、目の前にお祖母ちゃんが出てきたり、食べ物が並んだりするというのが、願望を実現した幻影です。そして、外的な現実を無視してこの幻しか見えなくなってしまうと、マッチを擦り続けて、現実を忘れてしまい、寒空の中、死んでしまうという結末が待っているわけです。

心の中に浮かぶお祖母ちゃんのリアリティは「心的現実」と言われるものです。「外的現実」と言われる冬の寒空は見えていないから、それは誤った知覚としての「幻覚」だとも言えるわけです。『マッチ売りの少女』は、心の中の現実を説明するには、とても示唆的な話です。私は常に外的現実と心の中の現実、あるいは超自我とエス、外から取り入れた原理原則と内なる欲望を取り持って生きざるを得ないのです。この葛藤を生きることそのものが、よりよい生き方を生み出す機会でもあり、人生のクリエイティビティにもつながっていきます。結果的に小説や音楽になるなど、内と外の間で文化を生み出し、人々のよりよい橋渡しができるものを生みだすことができれば、みんなから評価されるわけです。

殺人衝動を抱え込んでいる人間が、インベーダーゲームで次々と宇宙人を殺して、その衝動を処理することができたら、そのゲームは一挙に売れるわけです。文化は好むと好まざるとにかかわらず、超自我とエスの間を取り持ち折り合いをつける装置を考案してくれています。

先祖に憎しみを抱いている人が、先祖を敬えという外的要請との間で軋轢《あつれき》を感じ、祟《たた》りを恐れ逃げ回るようになることがあります。そういうケースは、きちんと墓参りをするようになると心が軽くなるというのも、「逃避」という処理方法よりも「祈る」という文化的な防衛で折り合いがついたわけでしょう。

フロイト的に言うならば、「文化」とは、赤ん坊が生まれたときに外界とうまく適応できなくて、私たちのほうから一所懸命につくり出そうとして、折り合いをつけるための妥協や中和の産物であるとも言えます。発展的に考えれば、その子どもだましこそ、外的世界と内なる子どもとの取り持ちを可能にしてくれる、創造の種となるかもしれないのです。

その間を取り持ってくれるものの起源とは、自分が乳児だったときの母親、あるいは母親代理者や代理物しかなかったわけで、それは二〇歳を過ぎてから振り返って懐かしんでも、もう二度と戻ってこないのです。

社会に適応するための三角関係

そして、三角関係のシステムを社会のルールに見いだすこともできます。社会的三角関係の第三項が法律や決めごとになったと考えるとよいでしょう。心から欲しいものが道に落ちていたら、警察に届け出ないで、拾って持ち帰りたいと思うかもしれませんが、本当にそれをしようとすると良心が疼《うず》くでしょう。公園に綺麗な芝生があるので、そこで休もうと思っても、「芝生に入るべからず」と書いてあったら、それは守らざるを得ません。

それはとても言語的です。憲法第九条にしても、おまえたちは武器を持ったら、とんでもないことをしでかすからと、武器を取り上げられたわけで、あえて言うなら「日本の父性」は去勢されたわけです。そうした過去の罪悪感がそこに今でも生きていて、私たちを動かしています。多くの社会現象もまた、行きたい、やりたいといったうずうずとした子どもっぽい気持ちと、それはやってはいけない、大人はそんなことは許されないという法律や現実的要請との間に展開しています。

パンが欲しい者は働かねばならない。働かないと稼ぎは手に入らないし、安楽な生活のためには、より一所懸命、労働をしなくてはいけない。いつか温泉に行くために、いつも毎日、あくせく働かねばならない。その対価として賃金を手に入れるという行為も、欲しいものとそれを得るために必要とされる現実的な要請との両方を取り持ったところから生まれてくる行動だと言えます。

理想的には毎日、父性的な超自我の下で一所懸命働いて、それで得た収入がバカンスとして母親的なぬるま湯の心休まる温泉などで使われて循環していれば、私は、内と外と私の、健康な三角関係を生きているということになるのでしょう。

ところが、多くの人は温泉に行っても会社のことが心配だったり、会社にいながら温泉場のような状態をつくってしまうから、混乱してしまうのです。いつも求められながら、それをうまくこなせないことが神経症や生き方の失敗につながるわけです。

生まれながらの三角関係はあるか

こうした三角関係の起源を追究するのが精神分析的な探求です。社会の三角関係が先にあったのか、それとも個人の家族の三角関係が先にあったのか。一人ひとりの発達段階論を踏まえるならば、前章で見たように、明らかに家族の三角関係が先と言えるでしょう。しかし、厳密に考えると家族の三角関係の前に、無意識的な夢として、私たちは三角関係を携えて、世の中にやってくるということも考えられます。DNAの中に準備されている何かが、家族と出会うときに発動し始めるという考え方です。

生まれたときに私たちはすでに何かを求めています。何がどの程度、個人の中に用意されているのかはわかりません。家族との関係で初めてそれが展開するとして、その台本がどの程度、生まれてくる赤ちゃんに準備されているのかは、学者によって考え方が異なります。

身近な母親の乳首に吸いつくという反射的行動は、最初から備わっているのでしょう。花は光を感じたら、そちらへ向かって成長します。ミツバチは蜜に向かって飛び込んでいきます。言語学者の丸山圭三郎の言葉を借りるならば、身体で理解する「身《み》分《わ》け」の状態で、本能に従っていれば生きていけるわけです（『フェティシズムと快楽』紀伊國屋書店）。

しかし、人間は未熟な状態で生まれてくるため、何かを求めているけれど、それを例えば母親に読み取って与えてもらわないと何が欲しいのか自分でもわからないのです。「これがおっぱいよ」と差し出してもらえないと、「これが欲しかったんだ」とわからないわけです。自分の中のニードと外的対象との出会いによって、「これが欲しかったんだ」という欲望や願望となるところでは、本能的な「身分け」ではなく、言語的に読み取られる「言《こと》分《わ》け」で、それがおっぱいなのだと理解されて環境から提供されなければ、赤ん坊は生き残れないのです。甘いものに飛び込んでいくためには、これが甘いぞと母親や母親代理が理解して対象が提示されないとわからないのです。こうやって、赤ん坊は与えられて味を覚え、味を占めて、これを願望するようになっていくのです。

「ママ」と呼ぶことで世界は整理される

甘いものだけではないのです。私たちの心の中には言いたいこと、表現したい思いがいつもあります。いくら言葉を費やしても、それは言えないという感覚は誰しもが持っていると思います。そこで言語がなぜ生まれるかというと、いない対象を呼び出すシステムとして獲得されるからだと言えるでしょう。

赤ちゃんの言語を習得するプロセスを見ると、例えば「ツツジ」という言葉を知らないとき、赤い花を見て、その赤いものが欲しくてしかたがない。あるいは母親が与えてくれた黄色いリボンに私のよだれもついている。赤と花、リボンとよだれ、そういった渾然一体となったものが「欲しい」と思って、手足をばたつかせてわあわあと騒いだ。ところが、それが対象を指差して「ママ」や「リボン」と呼べるようになった途端に、世界が言語によって整理されるわけです。

のちに「ママ」と言われたとしても、言葉以前の対象は、よだれで濡れたものでもあったり、甘いミルクでもあったり、温かい肌であったりします。「温かいもの」という名前でもよかったけれど、「ママ」と言ったら、もうそれでママになってしまう。そのとき、「欲しい、欲しい」と思って、しがみついたり、手足をバタバタさせて興奮した状態から解放され、落ち着きを手に入れることができます。そして同時に、赤ん坊は世界との渾然一体の一体感を失います。

言語はラブコールで、最初は大抵「ママ」と言ったらママが出てきて、「ミルク」と言ったら、ミルクが出てくるわけです。M音が代表的で、「ママ」「マザー」「ミルク」といずれもMという音がついています。日本語でも「まんま」「おんも」とか、甘えの「あま」もそうです。「マンマ」と言うと、ラテン語で乳房のことを指しています。

ここでM音に集中しているのは、口っぽい音だからです。「マウス（mouth）」のMであって、口っぽい音で世界を呼び出しているわけです。しかしながら、ほかのほとんどの音は指差されているものと関係がありません。どの国語に生まれてきたかで、何と呼ぶかが決まってしまう。そこでどういう言葉で呼べばいいのかを教わることと、心の中の思いが重なり合わないと、世界を言語的に整理し操ることができないわけです。

母親だけでなく父親にも通じるのが言語

先ほどの「身分け」のように本能的な傾向に従って生きていればいいというのではなくて、人間の子は、外から呼び出さないと必要な対象はやってきません。誰かに読み取ってもらって、「あなたは悲しいのよね」と言って提示してもらわないと情緒が表現できないという、外からの理解や言葉の提示と自身の未熟さとの重なり合いによって言語が獲得されていきます。

言語は私たちの無能さ、未熟さを補うための装置でもあるし、私から言えば、言いたいことを言うための「言葉の橋」でもあり、周りの人たちから言えば、私の気持ちを外から読み解くための辞書でもあるわけです。

そういった内と外、自分と母親とが協力し合って、子どもは言語を学び、言語でもって世界との折り合いをつけられるようになっていきます。最初はミルクと言わなくても、ミルクがやってきた時代で、ミルクと思ったらミルクがやってくるという「言事一致」の段階だと思います。だから日本語では言葉の言《こと》と、事実の事《こと》を、同じ音で呼ぶのだと思います。言事一致の空想、錯覚と呼んでもよいでしょう。

また、母親との分離やその喪失がなければ、呼び出す必要もありません。しかし、誕生したときに私たちは母親を失うわけですから、その分離感を越えて母親を呼び出すために言葉が必要になります。

そして、ミルクと言えばミルクが出てくる。そうすると、ミルクという言葉とミルクという意味とがうまく重なる。しかしやがては、ミルクと言っても、ミルクが出てこないという言事が一致しない段階を生きなくてはならなくなります。それは、自分でミルクを取りにいかないと手に入らない、言事が一致したり、しなかったりする移行段階なのです。

次いで私たちは言事がまったく重なり合わない、言っても母親がやってこない「言事不一致」の段階になります。ミルクと言っても、水と言っても、誰も持ってきてくれない。そういう現実を生きていかなくてはならない「唇寒し」の段階を味わうようになります。

そして、私たちが言いたいことを汲んでほしくとも、限られた語彙の中でしか、私たちは思いを表現できません。そして、言葉をうまく使って、相手を呼び出そうとしても、文法という法に従わねば、相手に伝わらないのです。

前言語的な言語があるとするなら、「ああ」と言えば、「ミルクが欲しいのね」と母親はわかってくれました。しかし、それは子どもと母親にしか通じない「二者言語」です。

時々、詩人が評価されるとき、「言語以前の世界を言語的に語っている」と言われたり、

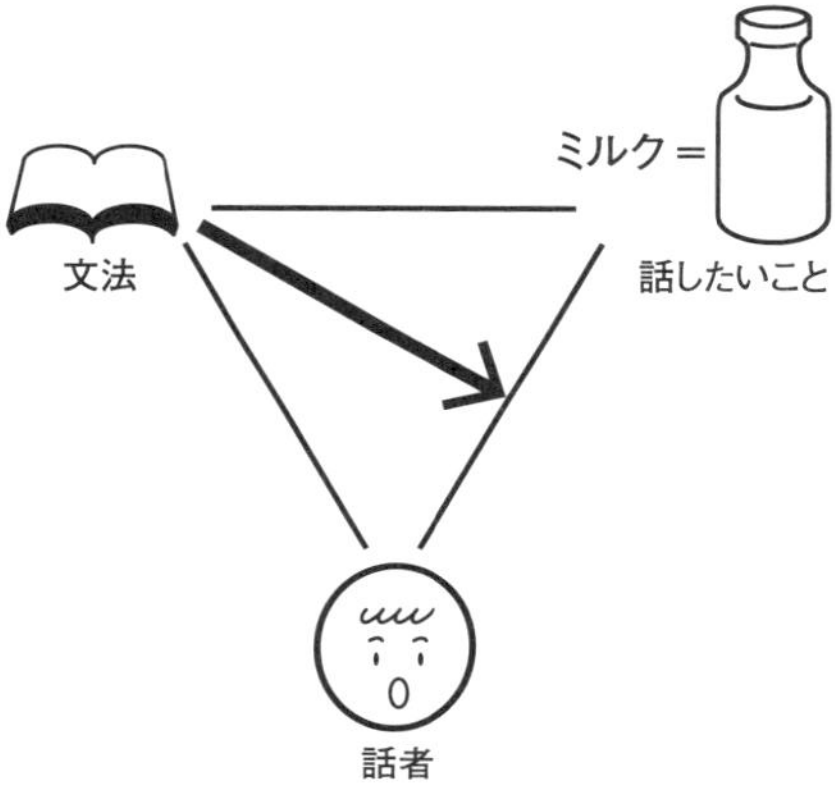

音楽や絵画の芸術家ならば、非言語的に海や星空を語ることができたりします。でも、その意味はある時代の目の前にいる人にしか通じないかもしれないのです。それは主に非言語的交流で、身体的交流、情緒的交流、つまり二者的な交流だからです。言葉かもしれないけれど、言語の資格がない。第三者にわからない言葉は言語ではありません。だから、成長に伴い、やがて「三者言語」というのがそこに登場するのです。

三者言語は、母子とは別の父親という第三者にも理解される言語です。母親だけでなく、父親、そしてみんなにもわかります。つまりそこにいない誰かにもわかります。言葉のすばらしいところは、第三者に開かれていることだと思います。

私たちは二者言語、つまり喃語《なんご》や、符丁や、言語以前の交流をたくさん経験して、やがて第三者にもわかるような言葉を話せるようになるのです。また、語彙と文法の使い方を学んでいくことを通して、私たちの心の中にある思いを表現し、外的な母親を指差していくわけです。そこには、言葉はこう使わねばならないものという文法のエディプス構造がありますす。母親を求めながら父親的な法に従うというわけですから、言語の構造はきわめて三角構造なのです。そこで使い方を間違うと、この言語世界から排除されることになるので、この構造は厳しいものです。

自分の人生を言語で語り直す

さらに言葉のおもしろいところは、心の中でもやもやしていたものが、第三者の言葉によって整理されたり、筋をつけてもらったりすると、私たちは「なるほど。そういうふうに言えば、多くの人にわかってもらえるのか」と学ぶことができたり、自分自身を言語的に表現して、自分のことを客観的に気づくことができたりすることです。言語はこうした洞察を可能にし、言語以外の方法では洞察することはなかなか難しいかなと思います。

自分の人生を物語にして語ることは、精神療法的で、まさに精神分析が「言語的治療」と呼ばれるゆえんだと思います。フロイトはそれを「再構成」と呼びますが、自分の人生を言語的に構成していくと、いろいろな過去の手掛かりを素材にして、自分の人生がどのように、これまで繰り返され、展開されてきたのかを読み取っていくことができるようになります。この部分は精神分析の大きな営みの中の一つと言えるでしょう。

言語によって物語として自分の人生を紡ぎ出すことができれば、自分の「心の台本」を読むことで人生について洞察を深めたり、深く噛みしめたり、味わったりすることが可能になり、場合によっては、自分の台本を修正して生きることもできます。その物語をよりよいバージョンにしていくことが大切だと言われるようになっており、その改変作業も言語とそれによる気づきなくしてはあり得ません。

こうしたことが行えるのは、言語のエディプス構造に負っている部分が大きいのです。父親のような第三者にも了解されねばならないという、言語の公開性というか、他者性と呼ばれている部分です。

それがゆえに言語のマイナス点もあります。言語によって何かを表現するということは、百万言を費やしたとしても、言葉という記号では生のまま伝えられないという構造の中に参加するということです。そして何かを介在させて自分を表現するということは、言語によって何もかも筋が通され、直線的に整理されてしまい、世界との母親的な生々しい一体感を失うことでもあります。

世界と私の間に言葉の橋を架けることはできるけれど、そのおかげで世界と私の間に橋が架かってしまうので、距離も生まれてしまうのです。橋が架かるという利点もあるけれど、同じ言葉で距離ができるからこそ寂しいと言えるわけです。

私は作詞家だから、詩人の仕事の役割を考えることがあります。新しい語彙、新しい言い方をもし見つけて人々に供することができたら、それは人々の新しい思いを汲む可能性を開くことができる。詩人や文学者はそういう役割を担っています。

芸人やお笑いタレントにしても、みんなが言いたいことを冗談のようにして言える可能性を提供してくれるなら、私たちはそこでカタルシスという浄化体験を提供され、すっきりすることもある。うまい冗談を言われると、「ああ、そんな言い方ができるのか」と、私たちの欲求不満のカタルシスとなるわけです。つまり、詩人や芸人の仕事は言語というものの硬直性、排他性を考えるならば、精神衛生のためにも重要な役割を果たしているのです。

第三者をテレビやネットが担当する時代

のちに詳しく解説しますが、阿闍世《あじゃせ》というインドのある国の王子の話があります。阿闍世が自分を殺そうとした父親を幽閉し食べ物を与えないでいると、自分が慕っていた母親が密かに幽閉先に通って、体に塗った蜜を父親に与えていたのです。そのことを知らない主人公・阿闍世に対し、提婆達多《ダイバダッタ》という脇役が「母親が裏切っているぞ」とささやきにくるのです。それによって、阿闍世は母親と父親との三角関係に巻き込まれるのです。

つまり妻に対する夫の嫉妬心を焚きつける脇役、例えば、シェイクスピアの『オセロ』では、部下のイヤーゴは将軍オセロの嫉妬を燃え上がらせるための重大なパートナーです。『夕鶴』では、与ひょうにとっての運ずたちがそれでしょう。

子どもの成長過程では、言葉にならない思いを世界にわかる言葉で取り扱ってくれるのが親の仕事で、また同時に提婆達多たちが行うような横からの吹き込みも第一に親たちの仕事でした。それが、親が母国語をパーソナルに与えてくれることの意味なのです。

ところが、複製文化の時代に入ってからはずっと進行してきたことですが、今やテレビに吹き込みテロップが常に入り、今映っている映像をどう解釈したらよいのかを、テレビ局の側が流していきます。仮にそれがなくても、映像が流れたあと、すぐにインターネットでどう理解したらいいのか言語的な解説が入手でき、それが簡単に共有されていきます。以前であれば、画面の前で解説してくれるのは親だったり、教師だったり、友達、そして「みんな」であったはずです。

しかし、現在では機械によって吹き込みが行われ、これはこう読み取るのだという、本来、親が行うべき世界の読み方をテレビの側に委ねていく現象が進行しているように思います。このように人間的な仲介者が消え、そこが機械化されることで、言語による三角関係へと個性的に移行する機会が奪われる現象が起きていることも、見ておかねばならないと思います。

キーワード

*「身分け」と「言分け」

身分けが本能的な世界の理解であるのに対して、言分けは人間が言語という道具によって世界を分ける理解のあり方。

第六章　「あなた」が私を裏切るとき

――「幻滅」の精神分析

人間の発達にとって三角関係はとても重要ですが、その三角関係の中で母親的存在や父親的存在は、誰にでもある子どもの心に対してどのような役割を果たすのでしょうか。この章では、「幻滅」や「脱錯覚」という概念をキーワードにして、二者関係から三角関係に移行する、外部の現実世界と向き合うための道筋について考えたいと思います。

三角関係へどう道案内するか

一般的な発達段階を考えてみる際、母子の二者関係から息子・父親・母親の三者関係へ、さらには三者から「みんな」へというように、付き合っている人間の数を増やしていく構図を描くのが普通だと思います。どれも重要ですが、社会化という意味で注目すべきは、中でも二者から三者への移行でしょう。

もちろん日本の母親も世界中の母親と同じで育児に成功したり失敗したりするし、いろいろなケースがあります。しかし、日本人のことを考えて言うなら、多くの日本の母親は子どもとの甘えや一体感、つまり、母子一体の幻想をつくるのが得意だと思っているでしょう。過信かもしれませんが、子どもを甘やかすのがうまいというのです。

土居健郎が言うように、母親は「幻想的一体感」、つまり甘えの幻想を育んでしまいます。また、イギリスの小児科医ドナルド・ウィニコットは、子どものニーズに適応して、ふさわしいときに乳房を出すことによって、母親が自分の思いをかなえてくれるという「錯覚」を子どもが持つようになるとも言っています。子どもの依存が母親という受け手を見つけて達成され、つながりを感じ、絆をつくるわけです。あるいはハンガリーのマーガレット・マーラーは、生物学的用語ですが、生まれたばかりの子どもと母親が互いに依存し合いながら、互いを育んでいる状態を、「共生状態」と呼んでいます。

日本の多くの母親はこうした状態をつくるのがうまいのだろうと思います。彼女たちは子どもに添い寝することを通して、それを濃厚につくり上げます。これは特に西洋人と比べるなら、よく見えてくるわけです。そのため、第三者の手を借りることが少なく、肉親以外のベビーシッターに任すことは日本の母親は欧米の母親に比べて少ないとよく言われます。

第三者に委ねられない子どもは、もちろん主に母親しか知りません。あるいは母親代わりになってくれる祖母や叔母、姉なども含めて、母親的な存在とつながりを感じて、世話になりながら、内輪で成長している子どもが多いだろうと思うのです。

こうした「あなた」（第二章参照）と呼べる母親的存在の第二者が日本では大変重視されて、絶対的な母神信仰のようなものが発生しやすい素地があるのです。河合隼雄がこれを「母性社会」と呼び、小此木啓吾が『阿闍世コンプレックス』（創元社）という本で展開しているのは、この母親との愛憎相半ばする関係をどうこなしていくかという議論です。

日本では第一者、つまり一人称である私が、母親的存在の第二者と強固な二人だけの世界をつくっているわけですから、そこからこの二者以外の第三者との関係を第一者が持てるよう、第二者つまり母親がどう橋渡しをしていくかが、非常に大きな課題になることがおわかりいただけると思います。母子関係が濃厚だと、その二者関係から三者関係、つまり三角関係へと進んでいく子どもを誰がどう道案内するかが、親にとっても社会化すべき子どもにとっても大きなテーマになるのです。

母親の裏切りに怒る阿闍世

西洋型のフロイトの発達理論を考えてみると、二者関係と三者関係の間には大きなギャップがあります。つまり、父親が強大な存在であるなら、母親に依存する息子は去勢される不安を抱くほどです。どこでも父親の存在が大きければ大きいほど、二者的状況と三者的状況の差は大きく異なります。子どもからすると、二者に介入する父親の突然の登場によって、強力なライバル関係に巻き込まれてしまい、敵対する相手の前へと連れ出されることになります。これでは、あまりにも急激すぎるので、第二者から第三者への段階的な橋渡しが構想されて然るべきなのです。

そこで考えてみたいのが、日本の精神分析のパイオニア古澤平作の言う「阿闍世コンプレックス」です。阿闍世の物語は次のようなものです。

古代インドのある国の話です。王妃は子宝に恵まれず、預言者に相談すると、森の仙人が三年後に死んで生まれ変わり、王妃の体内に宿ると言います。王妃は子どもが欲しい一心で、仙人を殺害しますが、死の直前、仙人は生まれてくる王子は王を殺害するだろうと呪いの言葉を残しました。そして、生まれてきたのが阿闍世です。

王妃は恐ろしくて、幼い阿闍世を高い塔から落として殺そうとしますが、死なずに生き延びます。思春期になった阿闍世は母親が自分を殺そうとした出生の秘密を知り、両親に恨みを抱き、父親の王を幽閉し、食事を与えずに殺そうとします。

しかし、王は何日経っても死にません。母親の王妃が体に蜜を塗って投獄先に通っていたからでした。それを知った阿闍世は、理想化していた母親に対して失望し、母親を殺そうとします。大臣に諫められて殺害はやめますが、父親の王は食を絶たれたまま、獄中で死亡。後悔のあまり、阿闍世はひどい皮膚病になってしまいますが、それを献身的に看病したのが王妃でした。最後には王妃と釈迦との出会いにより、阿闍世の病は完治し、のちに名君と呼ばれるような王になりました。

この物語に描かれた心的世界が「阿闍世コンプレックス」と呼ばれるのは、母親が子どもの出生に対して恐怖心を持ち、子どもはそれについて怨《うら》み（裏を見るということ）を抱いて、母親殺しの願望を持つところです。息子の父親殺しの願望を描く「エディプス・コンプレックス」の構造ではなく、母親殺しの願望が阿闍世コンプレックスの特徴です。この考え方は国際的にも評価されているので、ほかの国でも同様の問題が起きやすいのだと思います。

重大要素の多い物語だけれど、ポイントは、父親が母子関係を切るというのではなく、理想化していた母親が自分の知らない裏で父親とつるんでいたのを見、阿闍世が「裏切ったな」と怒るところだと私は考えています。阿闍世を描いた日本映画でも、「裏切ったな」と言わせています。阿闍世コンプレックスを提唱した古澤は、親の裏切りに対し憎しみを抱いて母親への殺意を燃やすというのが阿闍世の怒りだと考えています。

もう少し一般的な図式に置き換えると、次のようになります。幼い息子を甘やかしながら育てている母親が、同時に父親とも付き合い性的関係を持ち、どちらの側でも「寝ている」ので、裏表のある関係を持っています。子どもから見ると、母親は母性的な存在ですが、背後にある母親と父親との性的な結びつきは隠されていて見えません。阿闍世は父親の王を幽閉しましたが、そこへ母親が体に蜜を塗って通うというところが象徴的です。食べ物を提供するために、体に蜜を塗っていくというイメージは非常にエロチックです。父親はその体をなめるのです。そうした隠された関係に気づいた阿闍世が、母親の体に対して「裏切ったな」と言うのです。

古澤は子どもの罪悪感の発生論として見ると、阿闍世コンプレックスは、エディプス的な父親に罰せられて感じる罪悪感ではなく、母子関係を切らない母親により罪を許されることで感じる「許され型罪悪感」であるという議論を進めています。

上半身は子どもと、下半身は父親と

それでは、このテーマを母親の裏表の全体として見てみましょう。私にとって母性に満ち満ちた第二者の母親が、なんと父親と裏の下半身でつながっていたという形で、第三者

喜多川歌麿「葉男婦舞喜」

の父親が導入され、二者関係が三者関係、三角関係へと変化します。ここで、父親が切るのではなく、二面的な母親が仲介者的な役割を果たして、私をエディプス期の三者関係へと案内すると見ることもできます。

実は、日本の春画の中には、母親が上半身で子どもの相手をしながら、下半身で父親や間男とセックスしているところを描いた作品があります。これは両親が子どもを間に置いて寝るという、日本的な「川の字文化」では、頻繁に発生しうる母親像だと思います。

実際にこれが目撃されなくとも、私たちの間では空想やイメージとして共有されているでしょう。母親の肉体の上半身は子どものものでありながら、下半身は父親のものであるという、母親の体を通して連続する三人の姿は、仲介者的な存在として重要なイメージだと言えます。つまり、どちらにも合わせながらどちらのものにもならないで二者関係から三角関係へと橋渡しするというのです。

精神分析をしていると患者さんの中には、母親が父親とどうやってセックスしているのかわからないので、心理的にそれを探し続けているような方が結構いらっしゃいます。自分の原点の発見として、両親がセックスをしていたことを知るプロセスはとても大事なのです。

それを、阿闍世のように怒りとともに見つける人もいれば、笑ってしまう人もいるでしょう。春画にも描かれたような、母性に満ち満ちた二者的な母親像が、第三者としての父親に下半身を委ねていたというイメージとして示されて、驚きとともに笑いの種にもされ、子どもたちが「な〜んだ」と受け取ることもありうることです。多くの健康な子どもはまさに「な〜んだ」という感じで受け止めて、そこを通過していくんだと思います。

しかし阿闍世コンプレックスでは、母親の裏切り、幻滅、憎しみあるいは親に対する疑念が強調されます。その姿が怖いものだったり、「母さんは不潔だ」と言ったりするのは、その全体を母親の表裏の連続する二面性としては統合できないでいるのです。子どもにとって急激な幻滅は非常にショッキングなことで、外傷的でなかなかうまく乗り越えられないしこりを残し、殺人衝動にまで発展する可能性もあります。しかしながら、少なくとも一部の日本人の場合は連続して段階的であり、それを成長の契機としてうまく乗り越えていくのでしょう。

そして我が国における、男女のからみを描いた春画の多さを考えると、やはり私たちは両親のセックスをそばで見聞きすることが多いのでしょう。日本の川の字文化というと、障子と壁で隔てられ、すぐ隣の音が聞こえる文化を考えざるを得ません。そして、育児を行いながらセックスするという春画の両親像は、「あれもこれも」でお互いの関係を切らないでおこうという「和合」の精神と、下半身を隠した親たちとその子が互いに気を遣うという関係性を示しています。

西洋のように、二者関係と三角関係の間に隔絶があり、両親の寝室にうっかり息子が入っていったら、父親に激怒されるかもしれないような、つながりのなさとは異なっています。親の使い分けがうまくいく場合は、二者関係から三角関係へと激しく衝突しない、笑いを伴うような、とても日本的な段階的移行が起こるように思うのです。非セクシャルな段階からセクシャルな段階へ、二者関係から三角関係へ、欧米のような去勢の発想よりも、はるかにスムーズな移行として、私たちは構想してきたと思います。

しかしながら、こうした春画のように平和な世界とは逆に、急激な幻滅のために恐怖のどん底に陥れられた患者さんもいます。そして、鵺《ぬえ》のように多面性のある、そして裏切る母親像は、阿闍世コンプレックスでも描かれているのです。

日本の家庭は母親を中心にした「和」のハーレム

五木寛之の『青春の門』（講談社文庫）の最初に、主人公の母タエが出てきます。彼女は若くしてやってきた継母ですが、主人公の男の子と父親が二人で同時に母親を犯す幻想的な場面が出てきます。主人公は母親にしがみつき、父親が下半身は犯していたという場面が描かれ、それはまるでお祭りのようであったというのです。

日本の文化の中には、一人の母親をみんなで所有しているという母親を中心にしたハーレムがありそうです。しかし、あのような春画を見せると母親虐待だと怒る人もいます。母親は育児も楽しめないし、セックスも楽しめないというわけです。しかし、同時に両手に花なんだから、楽しめばいいじゃないのと証言している女性もいます。

この楽天的な和合には、その肉体を賭して可能になる、この母親でありながら性的対象だという弁天様的存在に対する信仰、信頼、能天気な発想があるわけです。そして、これこそ、私が日本で三者関係や、三角関係が際立たない原因だろうと思うのです。つまり、二者関係と三角関係を取り持つ母親がいて、子どもには「まあ、××ちゃん、おとなしくしてよ」と言いながら、その一方で父親に対して「あなたもうるさいわねー」などと言いながら「もう一人の子ども」の相手をして、両方を取り持っている母親がいるわけです。「和をもって日本となす」とでも言うのでしょうか。三角関係というよりも、三者が輪のごとく和合し、「ぐる」(「ぐるぐる」の回転に通じる)になっているのです。

ある春画の中の台詞では、「おめえ、そっちの小僧じゃなくて、俺のこの小僧をなんとかしてくれ」とか、男が言っているものもあり、この母親にとっては小僧が二人いるわけです。つまり、二つの小僧の間で、母親の側は裏切りながら取り持ちを行っているのです。阿闍世コンプレックスの議論では子どもの心理としては、確かに母親が裏切っているものの、親心として子どもと父親の間を取り持っているのです。つまり三角関係の突出を回避して、不連続をなんとか連続させようとして気を遣うのです。

日本人は西洋人のように夫婦の寝室と子ども部屋を分けて、子どもには泣きたいだけ泣かしておくのではなく、一つの寝室をみんなで共有して、母親が母子関係と父親のいる三角関係との二つの世界を取り持っています。「あれかこれか」を迫り、子どもに対してははっきりと切って自立させるのではなく、移行的に第三者がいることを教えているとも言えます。

そのために日本人はここで、連続する不連続として、「あれもこれも」に通じる母体の取り持ちと裏切りという表と裏のあることを学びます。人は裏でつるんでいることを学び、二人であっても三人であっても「つながり」のあることを理想化し、和をもって貴しとします。「わ」という最小単位が連なって「わたし＝我《わ》＋足し＝私」となり、三角関係が角を立てず、丸く円になるイメージを抱いていると思います。これが一番貴い円環的和合状態で、みんな喧嘩をしないのです。つまり、母親弁天のおかげで息子たちと父親たちが喧嘩をしないですむわけです。

ある意味で母親の掌の上で、みんな転がされてしまって、父親たちも子どもたちも、母親なしでは陽も昇らない。例えば五人いる子どもも、俺の小僧をなんとかしろと言う父親も、母親にとってみればみんな子どもで、どの子も母親と寝たがるのです。

そして確かに母親が穏和で健康であれば、みんなを愛することができるでしょう。家の中では子どもばかりになって平等が実現し、頂点の母親にみんながぶら下がっています。

だがしかし、そのおかげで私たちは三角関係で揉まれる機会を失ってしまいます。

これはある意味で悪平等の起源でもありましょう。穏和な母親的存在がいれば日本人は敵対しないで、国の裏側、家の中ではうまくいきます。しかしながらこれでは日本人は国際化しませんし、そういう競争のない和合的イメージは、外側の異文化間では通用しません。島国の外は三角関係で競争関係であり、領土や資源をめぐって、ミサイルの矛先をめぐって、渡り合わなければならないのです。

三角関係というよりも丸を理想とする円環的和合状態を貴いものとするという理想に生きた人間は、断絶と亀裂のある外海でなかなか国際化できそうもありません。

裏切りに直面させられるとき

母親の二重性でとても日本的だと思う点がほかにもあります。親の裏切りに対して悩むのは、エディプス・コンプレックスでも阿闍世コンプレックスでも同じだと思います。最初から夫婦の寝室が別で父親が「切る」のであれば、それは父親が怒りのターゲットになるでしょう。しかし日本の「和」が「母親のおかげ」であることが強調されるなら、その幻滅の際に子が彼女を憎むのが普通となり、母親が憎しみと裏切りの根源になってしまうことがあるのです。

世界中の子どもたちは同じように三角関係に直面するけれども、移行のプロセスが文化によって少しずつ趣を異にしているのでしょう。日本では母親に対する恨み、憎しみ、怒りに向かいやすいとすれば、二者関係から三角関係への移行で、母親の二重性により、急激な幻滅のプロセスにおける躓《つまず》き方が少し違ってくるからではないかと思います。

日本の物語で急激な幻滅がよく起こるのは、突然、母親的対象の二重性、裏切りに直面させられるときです。だから、覗いてみたら鶴だった、覗いてみたら、母親が蜜を体に塗っていたと、語り伝えられているのでしょう。あるいは日本神話のように、覗いてみたら母神が腐っていたというイザナミの物語もあります。実際には現実に直面させられるこういうプロセスは、個人の性格や家族の事情によって少しずつ異なっているはずです。

そうした意味で、「見るなの禁止」の物語の古い起源は何かというのは大変興味深い問題です。『夕鶴』の主人公与ひょうの妻つうが鶴だったというのは「異類婚」と呼ばれるものです。

この起源の一つは「族外婚」というものでしょう。文化によって同族婚が盛んに行われるケースと、必ず嫁は同族外のよそからもらうというケースがあります。昔から近親間の結婚をタブーとする考え方は各民族に共有されていて、さまざまな婚姻制度の中でも族外婚という形をとることがよく見られるのです。

母親が別の民族からやってきて、夜な夜な隠れて母国の儀礼を行っていたのが、発見されてしまって、あいつはよそ者だとなったというわけです。そして母親は追放され、残された子どもが去っていったお母さんをいつまでも思い慕って、この物語を語り伝えたんだという説です。これは折口信夫の説ですが（「妣《はは》が国へ・常世《とこよ》へ」）、よくできた考えだと思うのです。違う習俗を抱えながらも、こちらの慣習に同化しきれない母親の悲劇です。だから、これは起源の非常に古いものだと言うことができますし、現代でも、仏教にしがみつくお嫁さんが神道の家庭と相容れないので実家に帰ってしまうという話は、意外と実在するように思います。

ゆっくりと世界の複雑さに気づいていく

時間とともに、一体であった母親の二重性や多面性がさらにさらに露わになってきます。私とも父親とも兄弟ともくっついていたし、よその民族の出身でもあったということです。

昔ならば母親のおっぱいの出が悪かったならば、近所のおばさんのおっぱいを飲んで育っていました。産みの母と育ての母が異なっていたということもあったでしょう。

今や日本でも外国人との婚姻が増えていますが、自分の出自が実は日本になかったことに気がついたり、実は体外受精で生まれたりということに直面しているわけで、「見るなの禁止」は別の形でたくさん出現している可能性があるわけです。

エディプスはこの国の不幸はどこから来たんだろうと、真実を一所懸命探そうと歩くのです。どうやら母親イオカステは途中で気がつくのです。ああエディプスは私の息子だと。そのときにイオカステは、これ以上、真実を追求するのはやめてくれと頼みます。それは親心だろうと思います。

どこの国でも、どんな時代でもそうだと思うのです。一体感を持って始めながら、成長に伴い、だんだん世の中が多面的で複雑なことに気がついていく。すると母親は自分のものではなく別の顔をしていた。父親とセックスもするし病気にもなるということに気がついていく。こうしたことを発達段階ではゆっくりと知らしめねばならないという原則があると思います。あまりにも複雑すぎて、幼い者には、言ってもわからないだろうという話なのです。出生と成長のプロセスで起きるややこしいことが、子ども時代は先送りされているのだろうと思います。

先送りされている真実を、私たちは少しずつ飲み込めるようになったり、味わうことができるようになったり、心が消化できるようになったりしていく。それを理想的には親たちが少しずつ与えていくのです。それが親心でしょう。

その先延ばしの構造を「見るなの禁止」と呼ぶわけです。少しずつわかりやすくなってくるはずの事柄が、急激に露呈して、幻滅し、結果が悲劇的になるという展開が「見るなの禁止」に伴う多くの物語なのです。

私たち精神科医が取り扱うこうした外傷体験は、その魂が心の消化能力を発揮できる前に、つまり心の離乳ができる前に、あまりにも複雑なことに囲まれてしまったケースだと言うこともできます。幼くして性的被害に遭ったり、母親を急に失ったなら、その事実は飲み込めるわけもないのです。そうした人たちの精神療法を行う際に、私たち精神科医が与ひょうのごとく呆然としたり、逃げ出したりしたのでは、専門家として失格だろうと思います。まず、私たち自身が悲劇をうまく飲み込んで、納得して、理解しておいてから、患者さんが理解できないようなことを、うまく理解してもらえるように案内できる必要があるのです。

「裁定者」としての父親の必要性

母親はみんなのもので、私だけのものではなかったことに気がついていくプロセスは単純ではなく、こうすればよいと簡単に決めることはできないと思います。しかし、一つ共通する理想的育児の可能性があるとすれば、それは外傷的ではない、「緩慢な幻滅」です。

幻滅が私にとって最大の悲劇の一つであることは間違いがありません。厳密には二種類の幻滅があって、一つはいわゆる幻滅で、もう一つは「脱錯覚」です。

ウィニコットは、母親が子どもに対して、さまざまな世話を行うことで失われてしまった一体感を補償することができると考え、それを錯覚（イリュージョン）と呼びました。妄想（デリュージョン）が何も裏づけになるものがないのに抱くものなのに対して、錯覚は裏づけとなるものがあるという違いがあります。うまくいくなら、母親はそれを提供するのです。

子どもが母親は私だけのものだと思うのが錯覚だとすると、いずれそうでなかったことに直面し、そのプロセスが心の傷として残る可能性があります。それに対して、「なんだ、そういうことだったのか」と納得しながら、外傷的ではない形で脱錯覚できる可能性もあります。それは緩慢な覚醒に似ていて、だんだんと気がついて、四〇か五〇になって「なるほど、すべて親心だったのか」とわかることもあるのです。

ここで母親が子どもに対して、それをうまく教えられないこともあります。しかし、そのとき、父親、あるいは父親的セラピストがやってきて、「お母さんがこんなふうに悩んでいるのは、実はこういう理由があるからだ」とか、「実はお母さんは父親とも寝ていたんだ」と、母親が二面性を持たざるを得ない事情を説明する場合もあるでしょう。あるいは「母親はみんなのものんだから、おまえはおまえの女を見つけろ」と子どもの前に立ち現れるならば、非常に貴重な第三者となることでしょう。

日本でも、三角関係のためには『帰って来たヨッパライ』の神様のように、そういう隠れない父親像の登場が求められるのです。二者関係では母親が当事者であるために抜き差しならぬ状態になっているところに、第三者が立ち上がってそれを裁くことが、まさに二者関係の三角関係化につながり、息子の自立や個になることを促進すると考えられます。

逆に、私と母親の二者関係だけでこの問題に臨むと、泥仕合が展開する場合があります。「私は一所懸命育ててやったのに、そんな子を産んだ覚えはない」と言い、「母さんが裏切ったんだ」と当事者が罵り合うだけでは、泥沼状態になってしまいます。特にそれが家族内で起こると悲劇的なので、そこに第三者的な裁定者が入ることで、「まあまあ、まあまあ」と言ってもらったり、うまく裁いてもらうことが大切になるのです。

最終的には、第三項の参加を得て三角関係を達成し克服することこそが自立への出口であると考えるのが、精神分析の発想です。それでも多くの場合は、まずセラピストは第二者として患者やクライアントの相手をするのです。しかし同時に、治療的な達成を得るためには、その治療者が外部にも属していて社会的な存在となることも大切なのです。それは、治療者自身が現実と空想の中、あるいは母親と子どもの間に入って、内と外の橋渡し的な役割を果たすことです。それはまさに、阿闍世の母親のように両面性ゆえ恨まれる仕事でもあり、エディプスの父親のようによけいな第三者として嫌われる可能性もあるのですが、そのまま放置するならば泥仕合で悲劇化する物語を読み取って生き直してもらうために、その物語に参加するのです。

汚いお父さん、美しいお母さん

子どもは二者関係から三角関係へ移るときに善悪を知り、母親の裏と表の二重性を認めることで、良いこと、悪いことの両面をこなす機会を得ます。親には綺麗な表面と生臭い裏面があり、その両方から親たちができているのと同じように、世界もその両方からできていることを学びます。子どもは、世界には汚いものもあれば美しいものもあって、簡単に二分法で割りきれるものではないと知るのです。母親は人間であると同時に動物だと感じ、それを飲み込めるようになっていくことが、対象関係論的な成熟だと言えます。

三角関係の意義の一つは、このプロセスの中で、子どもにとっての母親像が葛藤に満ち、多面性に満ち満ちたものになって、扱いにくくなったときに、嫌われ役の第三者がやってくることにあります。

子どもと母親の間で、おまえはゴキブリだ、粗大ゴミだと言い合って泥仕合になっているときに、フラッと酔っ払って父親が帰ってくると、父親が嫌われ役のゴキブリだということになります。「粗大ゴミ親父」とか、「ゴキブリ亭主」などと言われ、「親父さえいなければ、この家は幸せなんだ」と言われる第三者の役割を果たすのです。母親が悪い、子どもが悪いという話になり、世界が泥仕合になるところで、第三者の父親が悪いという話が加わると、汚い父親と美しい母親として、世界が再構築されるのです。ここでは父親の役割はヒール（悪玉）だというわけです。

エディプス・コンプレックスでは、父親殺しは大切な要素です。その受け皿となり「クソ親父」「粗大ゴミ」と呼ばれても生き残ることは、父親にとっても大事な仕事だと言うことができます。そうした留守でも元気な父親がいてくれることで、生きた三角関係となるわけです。

世界は父と母からできている

こうして汚い父親と美しい母親という世界観ができあがったとき、次に世界が善悪の両方からできあがっていることを提示し続けるのが、家族や親たちの役割だと思います。それは汚い父親と美しい母親かもしれないけれど、母親と父親が同じ家に住んでいるということです。母親は父親のことを「嫌いだ、嫌いだ」と言っているけれども、実は母親も父親とセックスしていたのだと子どもが思えることは大切なのです。

自分の出生に際してどんな父親の「ペニス」にも価値があるということになると、家族の三角形のそれぞれの辺に表されるつながりの価値と存在がわかるようになります。そして、自分と父親、自分と母親の関係が、それぞれ二者関係としてあれば、父母の関係が第三辺となってこの正三角形は完成されるわけです。

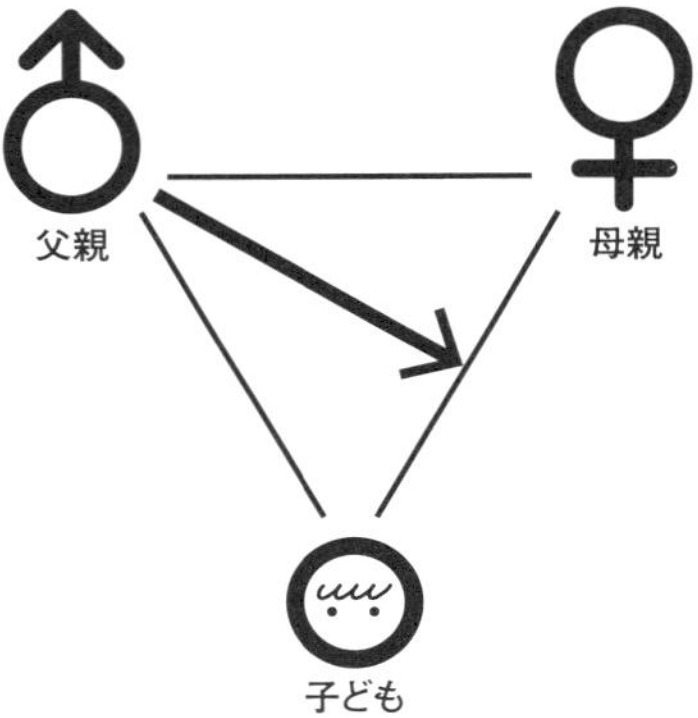

父と母のセックスを理解するとは、同じ世界に生命の根源たる母親と第三者の父親のペアがあり、嫌いなやつと好きなものたちがともにいて結びつくことを了解することです。例えば、世界の中にクソオヤジと優しいオフクロとが共存しているのです。男と女がともにいてもいいし、意見の異なるものがともにいてもいい。そういう幅広い認識がその視野を広げるのだと思います。

これが三角関係の一角が排除されて解決したということでは、子どもにとっては第三者との関係をうまく築けないままになってしまいます。世界に母親と父親という具合に、親が二人もいることを通し、二つの異なるものが私をつくるのだという世界観を子どもに提供できるのです。これが子どもにとって三角関係の重大な意義なのです。その世界観では、母はこう言うが、父がこう言うので、私はこう言うという具合に、考え方も三角関係の展開を示すかもしれません。

こういう話を書くと、では片親しかいない家族はどうするのかという反論が出てきます。片親の場合でも、父親役は絶対にいたはずなのです。母親がもう一人の父親を演じている可能性もあるし、祖母や祖父、叔父が父親役、第三者役をやっている場合もあります。

第二者もいない、第三者もいない家族や世界はあり得ないし、心が健康で余裕があるのならば、その第二者や第三者がすごくうまく機能したのだろうと思います。

母親が外に働きに行っていて、外の空気が母親の三者性をつくっていたかもしれません。その三者性があなたの二者関係を立体化して、風穴を開け、風通しをよくしたという場合です。というのは、仲のいい夫婦の下で育つことが理想ですが、ずっと仲が悪い夫婦であるならば、親一人・子一人で育ったほうがよいというデータもたくさんあるのです。だから両親がいれば、それでいいというわけでもないのです。

そして、両親の仲がよくないといけないというわけでもないのです。表では喧嘩をしていても、裏でつながっているというぐらいが、奥行きがあり、ちょうどいいのかもしれません。表向きは喧嘩をしていても裏でつながっている。血のつながりのない第二者と第三者が見えないところでセックスしていたという事実こそが、遠くにあるけれど、子ども誕生の起源としての「心のふるさと」なのです。

たとえ人工授精でも、精子たちは競争しながら卵子に向けて飛び込んでいった。その結びつきに愛と出会いがある。だから、その生物学を子どもが飲み込むことは難しいけれど、生きることとは両親のこの愛をイメージしながら三角関係を生きることなのです。

キーワード

＊阿闍世コンプレックス

子どもが母親の一体感から引き離される恐怖を経験し、母親の裏切りに対して抱く不信感や怒り。エディプス・コンプレックスと対比的に用いられる。

＊脱錯覚

ウィニコットの用語で、母親が子どもに与える一体感により、思いどおりになるという錯覚を子どもは生きているが、成長につれて徐々に幻滅して外部の現実世界へと移行していくこと。

第七章　成長を阻むもの

——羨望恐怖と嫉妬不安

それでは私たちが、これほどまでに重要な三角関係に強くなるにはどうすればよいでしょうか。三角関係に揉まれて強くなるためには、嫉妬を自覚し理解するとよいと深層心理学では考えます。私たちが三角関係に慣れないのは、嫉妬について考えないために弱く、弱いので考えないからだと言えそうです。

嫉妬が私の成長を阻んでいる

白雪姫の成長を阻んだのは継母（あるいは実母）の嫉妬でした。王妃が魔法の鏡に「世界で一番美しい女性はだあれ」と聞いたところ、白雪姫だと言われ、それに嫉妬して毒リンゴを食べさせます。

また、エディプス・コンプレックスを動かしているのも実は嫉妬です。私よりも父親が力を持っていて、母親を自分のものにしてしまったので、私は父親に対して敵意を向けるのです。一方、嫉妬深い父親は母親といつまでも寝ている息子に対して嫉妬を感じて、その間を引き裂こうとします。そして弟は母親と寝ている兄に対し嫉妬を感じ、その間を憎みます。このように嫉妬は家族の三角関係の展開や人の自立にとってとても重要な働きをしていて、人間の成長においては嫉妬の処理が大きな課題になると言えます。

英語で言うと羨望はenvy、嫉妬はjealousyで、両者は違うものだとする議論がありす。羨望は二者関係で、第三者とは関係なく、相手の第二者が自分よりも豊かなものをたくさん持っていることに関して抱く怒りの感情だと言えます。それに対して、嫉妬は第二者と第三者が愛し合っていることに対して、第二者を怨んだり、第三者に怒りの感情を覚えるのです。しかし日常では区別しにくいので、ここでも羨望と嫉妬を特に区別せず、嫉妬として考えていきたいと思います。

二者関係から三角関係に移行するとき、母親が弟を産んだということがあると、子どもはその嫉妬心から急に甘えるようになることがよく観察されます。例えば、子どもがトイレットトレーニングが終わっていたのに、嫉妬と対抗意識のために急に子ども返りしてしまって、おねしょをするようになるといった例です。これは日常的によく見られることです。

嫉妬は自分を病気にすることもあるし、自分や相手を苦しめたり、殺人にもつながったりすることもあります。おばあさんが、おじいさんが浮気をしていると嫉妬妄想を抱くこともあり、年齢もあまり関係ありません。

日本語では嫉妬を「焼ける（妬《や》ける）」と表現することがあります。じりじりと焦げてのたうち回る感じが思い浮かびます。「怒りの炎」という言い方もありますが、嫉妬の「焼ける」は対象を求める気持ちと、対象を害しようという怒りの気持ちが一緒になっていると見ることができます。

私たちは、殺意とまで化す嫉妬を非常に恐ろしいものと感じています。また、相手を傷つけるのが怖いし、それが実現するなら罪悪感が生じます。三角関係に弱いのは、主に嫉妬されるのが怖いからですし、自分が嫉妬することを悪いことと感じて自己嫌悪するからでしょう。

出る杭は打たれるので、目立ったことをやれば嫉妬の嵐となります。例えば、若い芸術家が海外で評価されて帰ってきたとき、一〇代の女の子が金メダルを取ったときなどです。誹謗中傷が起こったり、それまで仲間だった人たちが急に非協力的になったりといった話は本当によく聞きます。嫉妬の対象となった人はそれによって潰されることも多く、逆にこれをうまくかわして乗り越えた場合は、打たれ強い人だとか、「こいつは本物だな」と評価が上がったりします。

とにかく嫉妬が怖いうちは、実力を発揮できません。そういう意味では、嫉妬の嵐にさらされても、その嫉妬をしっかり引き受けて、そこで起こるさまざまな複雑なことをうまくこなせるようになっていくことが求められるのです。そして、面の皮が厚くなり、場慣れし、自信がついていく必要があるかと思います。

嫉妬の対象になるのが怖い

三角関係で恐ろしいのは直接攻撃だけではなく、裏切りだということについてはすでに触れましたが、嫉妬は裏切りを発生させるのです。嫉妬している人間は裏でいろいろなことを画策し、相手が失敗するように仕向けていきます。嫉妬のために傷つき、嫉妬のためにびくびくし、嫉妬のために外傷体験を持っている人は多いのです。

子どものいない女性が子どものいる母親に嫉妬し、金持ちの娘がピアノやバレエのできる普通の家の娘に嫉妬していじめるといったマンガ的な嫉妬が話題になりやすいのですが、嫉妬に強いか弱いかという点では、実はそのもっと前に家族内嫉妬、家族の三角関係で揉まれているかどうかが問われることになります。特に現在では一人っ子が増加し、兄弟姉妹間の「同胞葛藤（sibling rivalry）」を経験する機会がないために、子どもが甘やかされやすく、嫉妬をこなすことが少ないと言えるでしょう。

また家族内で父親の存在が薄く、子どもが母親を独占しやすくて、父親に叱られたことも嫌われたこともないなど、三角関係化されていない二者関係の中で生きてくると、会社の上司に初めて叱られて深く傷つくなどといったことも起こりやすくなります。温室育ちとか、挫折を知らない子どもたちが現在、たくさんいるとすれば、最大の弱点は嫉妬に弱い、三角関係に弱いということでしょう。

単に勝ち負けに弱いとか、ナルシシズムが強いとか、自己愛が傷つくという問題だけではなく、具体的な経験の不足で、三角関係の中で嫉妬されたり嫉妬することがへたで、うまくこなせないということがあると思います。「平和」というのが文字どおりに平らに和を成すということであれば、平和な時代はますます、打たれるべき出る杭を生み出せないシステムになりかねません。

たとえて言えば、それは家から出られない白雪姫やシンデレラです。男の子であれば、母親にミルクを飲まされているだけで、第三者に対抗できない息子の話になりかねません。もしそのまま成長して恋をすれば、割って入るライバルが怖いし、また、どこかで賞を受けるなどということがあれば、賞をもらえなかった人たちから嫉妬されるのが怖くなるのです。

社会で嫉妬され／嫉妬する心理やライバルを扱うことは、とても大切なことだと思いますが、私たちは多くの場合、なるべく嫉妬されないようにする気遣いを選ぶでしょう。例えば日本企業の社長さんはお金を持っていても、あからさまにプールのある家は建てないかもしれません。むしろ自ら家の前で水撒きをしたり、庭を掃いたりしています。それを見た人たちは、えらい人間だと評価を上げ、その徳を尊びます。また、あるラーメン屋さんは、店舗の二階に住んでいるとお客たちに思われていますが、実は郊外に立派な家を持っていて、それを隠しています。稼いだお金を貯めて、自分の努力で建てたものですから、隠す必要はないとも言えますが、嫉妬されないようにして、店舗は少し汚れていて、なんとなく儲かっていないようなお店がよく流行るのかもしれません。

日本でなくとも、嫉妬の対象になることは恐ろしいものです。洋の東西を問わず、大衆向けの週刊誌やワイドショー番組などは、少なくない内容が嫉妬の心理でできあがっていると言っていいでしょう。自分に関しては嫉妬に恐怖や不安を感じていますが、それがマスコミを通して話題として提供されると、「人の不幸は蜜の味」に変わるのです。

あからさまな嫉妬は裏切りを呼び、人の足の引っ張り合いを生み、人の不幸を喜ぶことになり、とても醜く破壊的なものです。ですから、それに強くなりうまく処理しないと、日本的社会であれ、どこの社会であれ、どこの業界であれ、生き残っていくのは難しいのです。

今では否定されている話なのですが、作曲家サリエリがモーツァルトを嫉妬ゆえ毒殺したという噂が広まりました。それがそのままドラマ化されたのがピーター・シェイファーの舞台『アマデウス』で、映画にもなりました。神の寵愛や才能に恵まれたモーツァルトをサリエリが嫉妬する三角関係という解釈は、いつも万人のものとして納得させやすいのでしょう。同じ深層心理を共有する大衆こそ強敵であり、実際サリエリが否定すればするほど周囲の疑念は強まったのだそうです。だから、その嫉妬される恐怖や嫉妬する不安から逃れるために、薬や酒、宗教めいたものの力に頼る芸能人や芸術家、そして神経質になるエリートのリーダーたちが、多いのだろうと思われます。

嫉妬の炎が身を焦がす

そこで嫉妬を処理の仕方で分類してみましょう。まず一つ目は「破壊的嫉妬」です。嫉妬は炎となって、燃え上がります。焼けて炎のごとく燃え上がって、見境がなくなり、とんでもない事件をやらかすことがあります。「やけぼっくいに火がつく」という表現があるくらい情熱は燃えるものなので、だから嫉妬で身を焦がすわけです。心理的に燃え上がるのはまだ行動のエネルギーになりますが、嫉妬の炎で燃え上がってしまうと最後には燃え尽きてしまいます。

　そうなると悲惨な結末が待っています。燃え尽き症候群と呼ばれるように、落ち込んで、最後は自分を焼却してしまい、消滅させて、自分をも殺してしまうのです。逆に、道成寺伝承で蛇になって安珍を焼き殺した清姫のように、悲惨なエンディングを迎える可能性があるから危険だと言えるのです。破壊的嫉妬の究極の形が、対象破壊と自己焼却（つまり滅私や自滅）であり、自暴自棄や犯罪につながるので、嫉妬することは大きな不安を生みます。

　また社会的に考えると革命にも破壊的嫉妬が必要です。持たざる者が持てる者に嫉妬することで、それまでの体制を転覆させるわけです。これまでのいろいろな政治的革命は王や王妃に対する嫉妬をはらんでいたと見ることができます。嫉妬が社会を悪くするかというと、必ずしもそうではなくて、嫉妬こそが改革の原動力となるのです。破壊的嫉妬ではあるけれど、その破壊は「創造的破壊」にもなり得るのです。嫉妬そのものを全否定するのではなく、嫉妬する構造は社会変革にとってもとても大事な心理であることをまず確認する必要があります。

日本人の所得格差や賃金格差が大きな社会運動となりにくいとすれば、それは嫉妬することが不安な嫉妬不安と、嫉妬されることを恐れる嫉妬恐怖のおかげであるということはないでしょうか。私たちが「普通が一番」と言うことにも、そういうところはないでしょうか。

また、私たちが英語をうまくしゃべれないのは、英語のうまい人を嫉妬し続けて、破壊してきたからかもしれません。学校のクラスで一人だけ英語がよくできる生徒がいたとして、その人が英語をしゃべった途端に、「何？　あのクサイ英語」とそれこそボロクソに言ったりすることがあります。あるいはバレエが上手な生徒のあることないことを言いまくって、その足をとにかく引っ張るといったこともあります。

これらは単なる破壊的嫉妬です。結局、嫉妬によって、相手を傷つけているだけでは、自分の英語もバレエもうまくならないからです。単に相手の英語がへたになれ、バレエがへたになれと、祈っているようなものだからです。そして、嫉妬されたくないなら、英語がうまくならないほうがいいということです。

英語がうまいと日本人に嫌われるというのは、実際、英語を日常的に使って仕事をしている日本人がよくおっしゃることです。それゆえに普段は何も言わないでいて、周囲が困っているときなどに、みんなの前でしゃべってあげると驚かれるのです。しかし、普段からしゃべってはいけないというわけです。このような「能ある鷹は爪隠す」「皆さんのおかげです」が非常に怖いのは、これでは能力をなかなか発揮することができませんし、自己卑下的な対応を日常的に強いることになるからです。

ときに、いじめたいという衝動も嫉妬から来ることが多いでしょう。本来は強い者に対して嫉妬して、そこにぶつけるものなのに、弱い者にぶつけるのがいじめです。嫉妬のターゲットになることは、自らの強さや成功の証という側面もありますが、からかいですら強い者に向けないで、置き換えて、弱い者にしてしまう傾向があります。したがって、そのいじめは陰湿になってしまい、これも破壊的嫉妬の一例でしょう。

だから、嫉妬は危険であることを知っておいて、時々、自分で水を差して冷やしたり、誰かに水を差してもらう必要があります。それには言葉が影響力を持ちます。嫉妬を言葉にしてそれとして認識したり、燃えている自分のことを考えたりすると、熱が冷めるのです。言語はそういう冷却装置でもあります。また、言語的治療としての精神分析がその燃え上がりをコントロールして、よりよい使い道を考える場となってくれることがあります。

自虐的嫉妬と受身的嫉妬

二番目に目立つのは「自虐的嫉妬」です。嫉妬は外向きの怒りの情緒であり、それが創造的になる破壊へと向かわず、自分自身に向かう場合です。「私なんかだめだ。私はクズみたいなもので、何の価値もない」と自己卑下してしまうのです。嫉妬を向けられるのが怖いからと、自分をとにかく貶めて、あまりに脱価値化していくと自分の成長を妨げます。

日本人は「私なんかには人前に出る資格はありません」などとよく言います。自分を貶めていますが、本当は自分が評価されたいにもかかわらず、そうなったときに嫉妬されるのが怖いから、自分を引き下げているというケースなのだと思います。しばしば「羨ましいことでございます」などと丁寧な表現を使いますが、実はそこには素直に羨ましがったり羨ましがられたりすることに対する恐怖があるのです。

もちろん、ほどよい謙譲や謙遜は美徳であり、評価を上げます。刑事コロンボがよれよれのコートでドレスダウンして犯人逮捕に成功するのは、相手の防衛を緩めて嫉妬を回避できるからでしょう。

三番目は「受身的嫉妬」で、そこには甘えたり、すねたりといった対応が伴います。自分に何も与えられないからと嫉妬するわけですが、与えられていないことを主張し、取りにいくのではなく、そのことに他人が気づいて、自分に何かを施してくれることを期待するのです。柱の陰でじっと指をくわえて眺めているといった姿が思い起こされます。昔、有名な喜劇役者に藤山寛美がいましたが、彼がしばしばこうした演技を得意としていました。

受身的嫉妬が強い甘えと共存すると、ひがみになります。自分が欲しいものを積極的に取りにいかないで、これが自虐的で敗北的になると、みんなの前でわざと転んで同情を買おうとするような獲得方法になります。病気になったり、自分を傷つけたりして、欲しいものを自分を貶めて獲得するのです。この方法であれば、周囲から嫉妬されないのです。

「羨ましくない」なんてあり得ない

こうして嫉妬の処理の方法を考えると、やはり一番建設的なのは創造的嫉妬です。そして自分にないものを、自ら積極的に獲得しにいくことでしょう。「勝ちにいく」という言い方がありますが、それが私たちに一番求められている嫉妬の処理の仕方です。しかもフェアにルールに則って勝ちにいけば、勝負でなにがしかのものを得ることができるだろうと思います。

私は小学校では新渡戸稲造のようになりたかったし、高校ではビートルズになりたいと思っていました。当時は「巨人、大鵬、卵焼き」ではありませんが、みんな巨人の長嶋茂雄みたいになりたい、大鵬みたいになりたいと言ったものです。そのように昔はみんな能天気に言い合っていたと思いますが、最近の若い子に、「何になりたいの？」と聞くと、なりたいものがないという答えが返ってきます。

それは、嫉妬に弱いからかもしれません。実際はイチローとか何かに嫉妬しているのだと思います。しかし、嫉妬は怒りの感情で、すぐに手に入らないのは不快ですから、嫉妬しているのをどこかで感じたくないという意識が働いて、「イチローなんか、別に羨ましくないよ」と言っているのだと思います。

「どこに行きたいのか」と聞いても、「あんなところへ行っても、別におもしろくない」と答えが返ってきます。「行った人たちは楽しそうに見えるよ」と言っても、「楽しいことなんて何もないし、羨ましくもなんともない」と言うわけです。

羨ましくないということは絶対ないと思うのです。つまり、それを羨ましいと感じると、それになりたいのになれないという現実に自分が直面することになるからでしょう。本当は欲しいけど、嫉妬の苦痛から、欲しがらないでいるということです。

それは三角関係に揉まれていないことの一つの結果かもしれません。例えば父親に「俺みたいになれるものならなってみろ」と言われ、父親の背中を見ながら大きくなった経験がないからでしょうか。しかし、父親の影が薄いといっても、そうならざるを得ない状況がこの日本にあります。もっとも父親的でなければならないはずの政治家も、今やみんなの前で叩かれてさんざんな悪口を言われて、取り替え可能なもののように扱われます。雄弁で演説がうまいと言われた政治家が、首相になった途端に失言を気にし始めるのです。それゆえ、若い人たちが一番なりたくないのが政治家だということになるのでしょう。実際には何にも悪いことをしていないのに、失言だけで辞めなければならない政治家なんて、誰もやる気がしないでしょう。

父親の足をみんなで引っ張って、使い捨ての粗大ゴミ化して、嫉妬の対象を世の中から消してしまうと、父性の理想像も失ってしまいます。それは実に非創造的な父親殺しです。

だから単純化すると、政治は誰がやっても同じようで、与党に対する野党の嫉妬が政治家を動かしているだけでしょう。失脚という人の不幸は蜜の味で、それで嫉妬心を満足させてしまいます。嫉妬が創造的な方向へ向かわず、マスメディアはスキャンダルやゴシップを書き立てて、足の引っ張り合いによって、単に嫉妬心を満足させてくれる装置として働くのです。

こうして考えてくると、今や嫉妬が私たちの大問題である構図が見えてきます。嫉妬が私を自己卑下させ、甘えさせ、同時に日本人はそのなるべき理想像を失うことにつながっています。

嫉妬という怒りの感情を自覚すると、自分には手に入っていないものがあるという事実を、噛みしめねばならなくなります。それは非常な痛みを伴うことです。破壊的で不愉快な情緒だから、なんとかして嫉妬を感じないように、みんなが平等であることにしたり、足を引っ張ることで嫉妬の対象を自分の視界から消し去ったりすることが、日常的に行われているのです。それではほんとにむなしく、うんざりするほど非生産的で、単にエネルギーを費やしているだけで、何も創造的なものが生まれない毎日が続くことになります。

フロイトは芸術家に嫉妬していた

嫉妬の創造性について、興味深い事例を挙げてみることにしましょう。それはフロイトが抱いていた芸術家に対する嫉妬です。一〇代のフロイトはどうやら作家になることを夢見ていたらしいのです。少年時代にプレゼントされ、少なくとも五〇年にわたって所有していた唯一の本が『三日間で独創的な作家になる方法』という題名のものでした。実はこの本の中に、フロイトの精神分析の重要な技法の一つである「自由連想法」のヒントになると思われる個所があります。本ではまず思いつくままに紙に書いてみるという自由な連想の提案がなされているのですが、精神分析では思いつくまま語ってみるという方法として提案されるのです。

青年期には恋人のマルタをめぐるライバルが芸術家であったことが知られています。恋人に自作の歌を歌って聴かせたことを聞いて苦悩しています。そして二人目のライバルも芸術家でした。フロイトは自分を情緒的な芸術家に対立する理性的な科学者の側に置きながら、同時にその両者の間で悩んでいたようです。のちに、作家シュニッツラーへの手紙の中で、二人だけの秘密として、詩人を羨ましく思うことを述べています。

実際、フロイトは作家に憧れながら、科学者であり、分析家である道を歩みました。しかし、意識的に芸術家としての自分を否定し、そうした嫉妬のエネルギーを創造のエネルギーに変えることで、一〇〇年経っても読まれる著作を数多く残し、精神分析学を新たな学問として打ち立てることができたと言えるでしょう。

その上、彼は、母親を奪った弟に対する嫉妬とそれに伴う罪悪感に悩み、その痛みを自己分析により克服しようとしていました。実際の弟は生まれたばかりで病死したのですが、フロイトはそこで自分が嫉妬のあまり殺したように感じていたのであり、その思いが、人々の愛を得る若い同僚や芸術家に繰り返し向けられていたのです。そして、『旧約聖書』のカインは弟アベルを嫉妬ゆえに殺し、それで嘘をつくのですが、フロイトは心の中の弟殺しを自ら認めます。この自己理解に、私たちは、自らの嫉妬に向かい合い、自覚して創造的に対処した一人の人間の姿を見いだすことができるのです。

このように考えてくると、嫉妬は人の成長を妨げ、私たちの閉塞感を生み出す原因になっていると同時に、それを打ち破り、創造的なものを生み出すエネルギーの源にもなることがわかります。心の内にある嫉妬を知り、それに慣れ、自家薬籠中の毒として管理し創造的で建設的な嫉妬として生かすことが、私たちに求められているのではないでしょうか。

キーワード

＊自虐的嫉妬

対象を破壊するのではなく、自己卑下して自分の価値を引き下げることで嫉妬の苦痛を処理する方法。病気になることもある。

＊創造的嫉妬

欲しいものを得ようとして、新しいものをつくり出そうとする心の動き。嫉妬の処理としては建設的で、価値が高い。

第八章　私たちはなぜ傷つくことを恐れるのか

――自己愛のメカニズム

三角関係に弱く、傷つくことを恐れる人間の心理の裏側には、ナルシシズム（自己愛）が潜んでいます。これが、外へ向かって出ていって、三角関係の中で戦うことの妨げになっていると思われます。ナルシシズムとはどのような心理なのかを、ここでは考えてみることにしましょう。

面の皮の薄い私たち

昔から私たちは引っ込み思案で神経質。外にあまり出ていかなくて、みんなの前に出ると緊張しやすいと言われます。日本に多いと言われた対人恐怖、醜貌恐怖という言葉もあります。対人恐怖は人に会うことの恐怖、醜貌恐怖は醜くなることの恐怖です。同様に、人に見られることが怖い視線恐怖や、人前に出ると赤くなるという赤面恐怖と呼ばれるものも多くあります。

自己が傷つき、自惚《うぬぼ》れが幻滅することで、自分が世の中の中心でなかったことに気がつきます。それは天国から叩き落とされるような経験ですが、家族的三角関係の中で揉まれていないので、それに慣れていない人が多いのです。やはり挫折を知らないで生きてきたという育ち方の問題があるのだろうと思います。これは私たちが抱えるナルシシズムの問題でもあります。

人目を気にして、自尊心が低く、自信がないというのは、日本人は昔からそうだったと言わざるを得ない点もあります。しかしながら、自分を中心にして考える人たちもまた必要になっているように思います。スポーツ選手や芸術家に見られるように、最近の若い人はよい意味でずうずうしくて、自惚れが強くなったとも言われます。本当に面の皮が厚くなったのか、それともそうではないのか、ということについては、大きなスパンで日本人を見てみないとわかりません。

しかし、中高年を代表とする大半の日本人はまだ古典的で、一部の若い人たちだけが外国でも普通に戦えるようになってきたのだと思います。フィギュアスケートの選手たちは、人前で見せることや評価されることをそんなに怖がっていないように見えます。そして、失敗することもあまり恐れない様子です。選手にインタビューすると、もちろん怖いし不安だと言うでしょうが、私たちはそうした受け答えをする姿にも、外国人のように堂々としたものを感じています。

人が見ていないと尊大に振る舞う

その一方で、引っ込み思案という、私たちの身を守るための防衛パターンがあります。人前に出るという恐怖を感じたり、嫉妬したり、嫉妬されたりすることに対する不安、恐怖が相変わらずあります。

その原因だと言われるものの一つが「過敏型自己愛」（G・O・ギャバード）です。人の評判を気にして、自己が傷つくことを恐れる傾向の自己愛（ナルシシズム）のあり方です。

もう一つの自己愛のあり方は「誇大型自己愛」で、人の前での自己顕示欲が強く、自惚れが強くて、逆に言うと、なかなか自己は傷つきません。どんなに評判が悪くても、自己中心的です。

力動的精神医学には、このように自己愛を二つに分ける考え方がありますが、日本人はどちらかというと過敏型自己愛だと思われます。ずうずうしく、人前で恥も外聞もなく自己中心的に振る舞うことはあまりありません。

それで人前に出るのが億劫で、対人恐怖で、人の評判ばかりを気にするというわけですが、その日本人も誰も見ていないところに行くと、ずうずうしくて、自惚れが強くて、自己中心的になるようです。戦争中もそうですが、戦後にアジアでやったことを見ると、実に一部は誇大型自己愛であることがわかります。

過敏型自己愛は人の目を気にするので、「みんな」が見ているところではおとなしいけれど、ひとたび「みんな」がいなくなると途端に「旅の恥は掻き捨て」みたいな行動をとるようになります。過敏型自己愛の裏側に誇大型自己愛がいる。神経質は無神経と表裏の関係にある、そんな二重構造が私たちにはあるのではないかと思います。

こうして自己愛の使い分けが起こっています。世界の人が見ているところでは、日本人は勤勉で、おとなしいイメージで、東日本大震災のときにも、地下鉄が止まってもずっとおとなしく待っている光景が映像に収められたりするけれども、見えないところでは食料品や生活必需品の買い占めは起こっているわけです。

つまり、誇大型自己愛で恥も外聞もないようなところが、「みんな」の前で露呈することを、「恥ずかしい」と言って、恐れる私たちがいるのです。また逆に表向きは自己顕示欲が強くて、自惚れが強くて、ずうずうしい人であっても、実は「みんな」を気にしていて、心の中では小心者でびくびくしていて神経質な人もいるのです。どんなにステージの上のパフォーマンスが立派で堂々と見えていても、裏側では怯えていることが多いのです。

私自身についてもそう感じることがあります。人前で一所懸命、パフォーマンスを展開して、授業をやって、講義をやっていたとしても、やはり学生の評判を気にしています。堂々とした表側に伴う裏側の神経質というのはやはりあるわけです。

つまり、過敏型か、誇大型かというのは、実際には使い分けのようなところがあって、その文化でどちらが突出しているかということなのでしょう。どちらが秘められたものであるのかも、文化によって時代によって違ったり、状況によっても違うのだろうと思います。

どちらにしても、自分は世界からどう見られているのか、逆に自分から見て世界はどうなのか。成長の過程で考えると、まず最初は自分中心で、人に愛されていることが絶対であるという二者関係の「裸の王様」幻想が壊れ、自分が中心ではない集団との関係へと移っていきます。やがては脱中心化していくことはどちらの自己愛型であれ、課題だろうと思います。

傷つくことを恐れ、引きこもる

誰しも自己中心的な世界を経験するのは、どんな赤ちゃんも未熟な状態で生まれてくるためです。最初は母親や母親代理の援助なしでは生きていけないけれども、そのことに気がついていません。世界は私を中心に動いていて、自分が「裸の王様」であることにすら気づいていないのです。

やがてそのことに気づくときがやってきますが、例えば弟が生まれて二者関係が急に三角関係になるところで、裏切られた思いをしたり、嫉妬不安を感じたり、外傷体験になったりするのは、どんな人にとっても共通する成長の道筋だろうと思います。

ただ日本の場合は、先に述べたように、最初は多くの母親がすごく適応的で添い寝をするなどして、子どもの自己中心性を育ててくれます。でも、それが突然中断され、失われてしまうと、急激な幻滅を味わうことになります。このように私たちは、三角関係や現実との出会いの中で、自己愛状態の幻滅に弱いのが特徴ではないかと思うのです。

ライバルとしての第三者の発見が幻滅のきっかけになりやすいのは、エディプスや白雪姫の例にもあるとおりです。また『帰って来たヨッパライ』のヨッパライも第三者である「こわい神様」に出会うことを通して、天国に幻滅するわけです。

その結果、二度と外へ出るのはやめよう、天国には這い上がるまいと思う傾向が生まれます。受身になり遠慮がちで、ものを主張しない態度になり、傷つくことを恐れて、外へ出ていかない、引きこもり傾向をつくっている場合もあると思います。

幻滅の機会の一つであるトイレットトレーニング（清潔訓練）を通じても、神経質に扱いすぎると、他者から見て見苦しい自らの言動を恥ずかしいことや悪いことのように感じることがあります。また二者関係から三角関係への移行が先延ばしにされ、外的な第三者に直面することに慣れていないことで、汚点、細かいことを気にする「面の皮の薄さ」ができあがってしまいます。

背後には、自分をありのまま受け入れてもらいたい、そのまま受容してもらいたいという自己中心性があると思います。一種の甘えですが、かつてその甘えが受容されたことがあるだけに、そこに戻りたがっているのだということです。でも、それでは退却型の処理の仕方であり、前に進みません。

みっともなければ自死を選ぶ美学

日本の美学として、「わび・さび、粋《いき》・いなせ」があります。自分のことを抑制して、厳しい規律の中に身を置いて、自分を自虐的に律する禁欲主義だとも言えそうです。

粋・いなせというのは、あっさりとした、しつこくない付き合いの仕方です。遊郭に入り浸って、居座ったあげくに追い出されるのは、みっともない。宵越しの金はそれがなくなったらあっさりと出ていく。これが粋・いなせだとされています。金遣いが綺麗といった、「汚くない」ことが価値観になってしまいます。だから粋は美しいし、いなせも美しい。すべて汚くなくて、みっともなくないというところが共通項だと思います。みっともないところを通り抜けて美しいのではなくて、みっともないところを排除して美しいのは、ものすごく苦しい美学だとも思います。

だから「武士は食わねど高楊枝」「台所は火の車」、あるいは「アヒルの水掻き」といった言い回しも出てきます。日本人の美学はそんな苦痛をはらんだ表面的美しさになりやすいとも言えるでしょう。それはへたをすると、脆弱な美学になってしまいます。この美学は汚いものに弱い、みっともないことに弱いからです。

だから、「汚い」「弱い」「みっともない」が露呈した途端に死にたくなってしまうのです。「汚い」「みっともない」状態で幻滅を引き起こし、周囲の負担となった張本人全体が汚く、みっともなくなってしまって、そこから退去せざるを得なくなってしまう。そんな終わり方を日本型の美学は強要すると言えます。

愛他主義は自滅に結びつきやすい

また、日本人の美学の中には、「謙譲の美徳」「一所懸命」「苦労は買ってでもするもの」

といった、自己犠牲を伴いながら人のために尽くす愛他主義を感じる言葉があります。「愛他主義（altruism）」とは、エゴイズムの反対にあたり、「マゾキズム（masochism）」の延長線上にあります。マゾキズムとはここでは性的な意味合いはなく、自虐的という意味ですが、自虐的な形の愛他主義は日本には多いように感じられます。

本当は人を傷つけたいが、人を傷つけられないため、自分を傷つける。あるいは自分のことは好きだが、その自分を傷つけてまでして、人のために献身する。こうしたこともあります。

人のために、愛のために自己犠牲を行うことは、確かに美しいことです。子どもが交通事故に遭いそうになったら、自分の身を捧げて子どもを助ける。あるいは日本の繁栄のために、大事な、愛する者のために自分を犠牲にして捧げる。そうした感覚はあっていいと思います。

問題はそうした行動をとらなくてもよいときにまで、それに縛られることです。自分の命が助かるにもかかわらず、助からない方向を選んでしまうのは愛他主義ではありません。何のために一所懸命やっているのかというと、実は人のためではなく、自虐性のためにやっていることもあるわけです。

自分をも愛し大切にする愛他主義と、自己犠牲を目的とした愛他主義があるとすれば、後者の愛他主義は完全にマゾキズムになってしまいます。

例えば『夕鶴』でつうが身を犠牲にしながら一反を織り終わったあと、与ひょうに二反目を織ることを頼まれますが、そのとき、つうは二反目を織ることを断るべきだったのです。与ひょうのためにも甘やかすのはよくないわけです。

あるいは『蛇女房』という昔話では、蛇が女性となって現れ、人間の男との間に子どもをもうけますが、『夕鶴』と同じで、蛇は山へ去っていきます。そのときに子どもの乳代わりになる玉を一個残していきます。ところが、それを聞きつけた殿様が玉を取り上げてしまい、そこで男はもう一つ玉が欲しいと言い、蛇はそれを差し出すのです。その玉は眼球だったというお話ですが、これも一個目だけで断り、二個目は出すべきではなかったと考えることができます。確かに愛他主義ですが、同時にマゾキズムであり、これでは自滅に向かっていると思うのです。

自虐的な愛他主義は日本人の特質として高く評価されます。確かにそれは美しいけれども、滅びの美学となり敗北の危険が伴うことを忘れないでおきたいのです。ほどほどでないと、自分を失ってしまい、文字どおりに自分を殺してしまうこともあるからです。

嫉妬に揉まれることで、慣れる

結論としては、二者関係が三角関係になるところで、自分が中心ではないことに気づき、裏切られた思いをしたり、何らかの挫折を味わうのは普通だということです。それはとりも直さず、嫉妬に慣れる機会だということでもあります。私たちは嫉妬心にあまりにも不安を感じ、過剰反応をしているために、嫉妬心に慣れていないのです。「揉まれてない」という表現をこれまでも使ってきましたが、実際には嫉妬したり、嫉妬されたりという経験は、例えば学生時代でも文化祭や体育祭などを考えてみるとわかるように、さまざまな場面で実は経験しているのです。

先にも触れたように、最近の若い人は少しずつ嫉妬心に慣れ始めていると思うことがあります。よい意味で、ずうずうしくなってきたようにも感じます。最近の例ではゴルフの石川遼くんも、テニスの錦織圭《にしこり》くんも、そして、ローザンヌ国際バレエコンクールで優勝した菅井円加《まどか》さんも、そうかもしれません。報道される彼らの姿を見て、嫉妬したり、嫉妬されたりすることに強いなと想像することがあります。日本選手を大勢輩出している銀盤のフィギュアスケーターたちも、そうでないとあそこまで活躍できないと思います。嫉妬心は人を醜くさせるし、同時に人を輝かせることもできるのです。スポーツや芸術のコンクールなどは嫉妬心の結果、ライバルが登場して互いに嫉妬し合って、それがよりよいものを求めて、パフォーマンスを向上させ、おもしろい勝負になっているのだと思います。それがスポーツや芸術の発展にもつながっています。

これまでの私たちの嫉妬心に風穴が開いてきて、競争で嫉妬することや、嫉妬されることが新たな創造性や勝利につながるという考え方が、少しずつ共有されてきたと思うのです。私たちの多くはこれまで自己愛のために自分が傷つくのを恐れ、内に閉じこもってきた。それでいて、互いに嫉妬をして足を引っ張り合って、非生産的にそのエネルギーを消耗してきた。このままでは国際的に通用しないと、みんなが気づきつつあるところだと思います。それゆえ、私が嫉妬という言葉を使って、こうした本を書けるようになる程度までには、日本人は嫉妬に慣れてきたのではないかと思っています。

嫉妬は特別なものではなく普通の心理ですから、慣れるものです。三角関係にどうすれば強くなれるか、三角関係から生まれて最大の障害になる嫉妬に、どうすれば強くなれるか。それから逃げて悩んでいるよりも、精神分析という普遍言語を使って、自分の心を言語化してみる。そして、その「人生物語」を読み直し理解した上での、「習うより慣れろ」です。場数を踏み、逃げ続けないで、何度も経験し噛みしめるしかないのです。嫉妬心を感じても、それに自分が振り回されず、自分の体で覚えて、何度も経験し、慣れ、使いこなすことです。逃げ続けている限りは、決して慣れることはないからです。

そして慣れるというプロセスの完成は、そういう心理学的理解とともにその心理を噛みしめることでしょう。言葉とともに噛みしめ考える。これが嫉妬だと思う気持ちを、嫉妬したり、されたりする状況で、今ここで噛みしめ、自覚することです。

ちょうど、人前に出て話をしたり歌を歌ったりする場合と同じです。緊張してあがる赤面恐怖もあります。羨望恐怖で逃げ出したくなることもあります。あるいは人前に出ると、目立つことで嫉妬される恐怖や、目立つ仲間を見て嫉妬する嫉妬不安の塊になる可能性もあります。でも、そういう場所でも、場数を踏んで、何度も経験し噛みしめ考えることで、慣れることができるのです。それは場慣れ、人慣れと呼んできたものです。

慣れには、恋のようになれそめがあって、おなじみになるというプロセスが非常に大切です。「なじむ」というのは、手になじむ、あるいはおなじみになるという、体に慣れる身体的なプロセスを含んでいるように思います。慣れて特別なことではなくなって、平均化して、均《なら》していきます。

だから、教育的に人に教えてもらうだけだと、絶対に役に立ちません。嫉妬したり、嫉妬されたりする状況に足を運んで、そこに立ち続けて考えないと慣れないのです。経験が言葉とともに噛みしめられるようになったら、慣れのプロセスが促進されると思います。他者と出会った上での「打たれ強さ」と「面の皮の厚い」のは、よい意味での自惚れ、つまり自尊心となり、当然、貴重なものです。

キーワード

＊過敏型自己愛

他者の評判を気にして、自己が傷つくことを恐れる傾向のある自己愛。

＊誇大型自己愛

自分は特別な存在だという肥大した意識を持つ傾向のある自己愛。

＊嫉妬に慣れる

嫉妬に打ち勝つにはその体験に慣れるしかない。言葉で自分が嫉妬をし、される存在であることに気づき考えることで、嫉妬にどのように対処すればよいかが見え、次第に慣れていく。

第九章　安心して生きるために

――専門的な第三者を得る

目の前の三角関係を生き抜くにあたって、第二者の果たす役割はいっそう重要性を増しています。子どものままの心にとって母親的存在は二者関係から三角関係へと橋渡しをし、裏から支えるものです。現在では、ときには母親や嫁の代わりとなって「裏の仕事」を果たすものとして、ケアマネージャー的な存在が脚光を浴び、心の面ではセラピストや精神分析家が果たす役割にも期待されています。

橋渡し的存在がキーパーソン

核家族化し、一人っ子が多くなっている現在、私、母親、父親の三角関係の構図はよりはっきりとした形で現れてきています。この三角関係の中で、ほかの二人の間で橋渡しする仲介役は強い力を持つことになります。例えば母親は、片方では子どもの秘密を握り、もう片方では父親の秘密を握っているからです。

多くの場合、母親が二者関係から三角関係への仲介者であり、二者関係と三角関係の橋渡し役となるならば、母親が家族内秘密の管理者になります。もちろん母親の中には、裏と表の間に立つのが上手ではなく、その区別にだらしない場合もあり、そのため混乱させられる家族メンバーもいます。また、昔の大家族のようにたくさん子どもがいた場合、母親が一人ひとりの子どもに対して、二者関係から三角関係への仲介者の役割をきちんと果たせたかというと、そこまで器用に振る舞えなかっただろうと思います。そうした場合は、大勢の子どもの間に競争原理や三角関係が持ち込まれ、それをまとめる父性原理が強く働いたでしょう。

また、母親が「ここだけの秘密」を保持できず、暴露的になり、一方の話をもう一方へ簡単にリークするようになると、阿闍世コンプレックスのような裏切りが発生することになります。母親には子どもの裸の姿を扱いながら、父親と一緒に寝ているという二重性があるわけですから、例えば子どもが隠しておきたい秘密が父親に容易に伝わってしまう恐れがあるのです。

私の秘密がどこかで外に漏れて、裏でみんなに語られてしまうという不安は、すでに触れたように壁に耳あり障子に目ありで、人間はみんな漠然と感じています。例えば、それは、学校の先生に私の秘密を打ち明けたとしても、先生がそのことを通信簿などに書いて母親に知らせるのではないかという不安です。

日本の対人恐怖は、他人に私の裏側にある心の秘密を見抜かれるのではないかという不安ですが、その原点は「あなた」という第二者が第三者やほかのみんなに私の秘密を語っているのではないかという不安である場合もあります。母親が私の手を握りながら、父親の手も握っている。しかも、ほかの兄弟にも手を振って、母親がまるでタコ足配線のごとく、みんなとつながって連絡し合っている。だから、母親が私との「ここだけの秘密」をしっかり管理してくれないのではないかという不安が生じやすいのです。

そして、家では母親は誰に対しても秘密の話し相手になり、裸の付き合いをし、あらゆる秘密を握りながら、「ばらしてやる」とおどかす場合もあるはずです。あるいは外では秘書的な人物が秘密を管理して政治的に利用することもあります。それは当然の可能性なのですが、この橋渡し役が裏切ってしまうと、何もかも筒抜けで、丸裸にされたように怖く感じてしまいます。そう感じると、私たちはこの社会で、非常に生きにくくなることでしょう。

世界が劇場化して楽屋がなくなる

こうした強力な母親のいる三角関係における、父親の立場を考えてみましょう。父親も第三者であることをなかなか発揮できず、母親により子ども扱いされると、子どもにとっては兄弟の一人のような存在で、家の中に抱えられたメンバーの一員になってしまいます。それで第三者が持つ他者性、二者関係外の人間といった役割は小さくなり、第三者というよりも曖昧な「みんな」と呼ばれるような存在になっているのです。

しかし第三者、第三項というと、欧米では父性的なキリスト教が思い浮かびます。神はファーザーであり、神父は神の父と書き、その意識では第三者とは神であり、父性は絶対化されやすいのです。しかし私たちは、第二次世界大戦まで愚かな父性に振り回されたので、権威に対する不信感やアレルギーが強く、まだしばらくは「去勢を執行する父親」というような絶対的な父性は広く求められないでしょう。

逆に日本人は巨大な母親のもとでみんなが仲良く一緒なんだとすると、第三者は神ではなく、まさにその「みんな」、つまり不安定な世論、曖昧な世間という、私たちをあちこちで取り囲むものになります。日本人がもっとも悩むのは、神の目が自分をどう見つめるかではなく、曖昧な「みんな」が私のことをどう見ているかです。

そのみんなが互いにつながり「裏でつるむ」ものだから、そこに個人情報を流されるなら、私は裸の王様になりやすいのです。裸の王様とは丸裸の赤ん坊みたいなもので、私の体の秘密から心の秘密まで、全部がみんなに伝わっている状態です。私は見られていない

石川豊雅「風流十二月　八月」

と思っているけれども、裏ではみんながつるんでいて、私の秘密を知っているのです。第二者の母親的存在が、父親や学校の先生というみんなに秘密を通報すると思うからでしょう。

上の絵のように、表向き外を見ていても、みんなが後ろでつながるという現象は珍しくないことでしょう。後ろでつるむのは日本人の習性でしょう。いや、それは日本だけではないのです。それはどこでも起きているのです。

子どもの裏で母親と父親がつながって、みんなを形成していて、個人の中身が横流しで伝わっているとすれば、子である私はまさに裸の王様です。世界が劇場化してしまうという比喩で言うなら、みんなの中に入らないなら、私自身は中心にいて見透かされてしまい、私は隠れる楽屋を失ってしまいます。

「裏の仕事」を担当する

家庭での母親の役割の一部は、貶めて言うときに、「女中さん」「飯炊き女」「洗濯女」などといった言葉が使われることがあります。しかし、それは裏担当の母親像を表しているにすぎません。母親は女神でもありますが、その愛は境界を越えて、家の中で母親だけが父親の部屋、息子の部屋、その弟の部屋を自由に出入りして、父親の洗濯物を洗い、赤ん坊の排泄物を処理し、息子の部屋を掃除し、ポルノグラフィーを見つけてもそっとしておくなど、みんなの婢《はしため》として面倒を見てくれているのです。

テレビでは家政婦がちょっとしたブームでしたが、こうした「裏の仕事」を担当する母親像が、実際の母親から切り離されながら強大化しつつあるのではないでしょうか。つまり今は、私たちが裏担当の母親像をどう心の中に位置づけて獲得するかが課題なのです。この母親像に支配され続けると、いつまで経っても自立できないでしょう。また人々も、何でも裏の根回しや談合のようなもので解決しようとするなら、外の世界を合理的にこなしきれなくなってしまいます。

こうした母親は裏と表の両方に属していて、どっちつかずで中途半端であり、割りきれないイメージがあります。裏表がありすぎてイメージのまとまりが悪いと、鵺《ぬえ》のように不純で、統合されないまま漠然としてしまいます。

昔の風景ですが、例えば赤ちゃんを背中に負ぶってあやしながら、台所で煮炊き物をし、タバコ屋の玄関口にお客さんがやってくると、ちゃんとタバコやライターを売ってというように、「あれもこれも」のすべてを普通にこなしている母親がいました。今でもそれに似たお母ちゃんがいると思います。

母親がこのように多面的で、裏も表も扱うからこそ、私たちは母親に仲介されて、楽屋裏から表舞台へと押し出されて、二者関係から三角関係へと移ることができます。内で排泄物を綺麗にしてくれて、よそ行きの服を着せてくれて、一緒に外出し、外できちんと挨拶をするという、内と外の両方を橋渡ししてくれるのです。こうした母親の橋渡し機能は大変大きなものだと思います。

父親がディレクター、演出家というキング的存在だとすれば、母親はマネージャーで、ケアテイカーで秘書であり、飯炊き女、女中であり、それでいて女王様であったということです。

橋渡しできる人間が少なくなった

ところが最近では、社会参加する母親が家庭の外で男性と同じように働くようになってきました。そのため彼女たちは、しばしば昔の母親が果たしていた裏の仕事や橋渡しの機能を手放してしまいつつあります。父親のような母親となり、外にばかりいて、内には全然いないで、家のことはベビーシッターに任せるという形です。

内と外のケジメをうまくつけて、育児と仕事を両立させている女性もいます。もちろん、従来のように家庭にとどまり、表と裏を取り持っている母親もいます。母親像が一定ではなくなり、これが日本人の母親だという典型的な姿はなくなり、それぞれの個々のケースによって異なってきています。

しかし、それでも女房役に裏切られる不安は続いていて、私たちの心で弱い部分を形成していると思います。阿闍世コンプレックス的な母親像の幻滅、裏切りの問題を私たちは今も引きずり、苦しんでいるのです。

というのも、母親の代わりをやってきたベビーシッターやケアマネージャー、そして秘書に対しても、家の中の秘密を全部さらけ出されるのではないかという不安があるでしょう。大工さんがやってくるというだけで、大騒ぎで家中を片づけるように、外の人に内側を見せられないという思いがつきまといます。母親以外には見せられないし、母親ならきちんとうまく隠してくれるけれど、赤の他人は秘密を容易に漏らすかもしれない。母親も自分を裏切るかもしれないけれど、他人はもっと裏切る可能性があります。

私は日本で精神分析が流行るかもしれないという可能性も、心の秘密の話し相手としての役割にあるのではないかと思います。しかしながら、日本的な母親コンプレックスが精神分析を受けることを阻んでいるのかもしれません。つまり、精神分析を受けると、明かした自分の秘密をみんなに暴露され、ああだこうだと言われるのではないか、という不安を持っているのではないかと思うのです。

だから『家政婦のミタ』が必要とされている

母親が外に出始めて職業を持ち、父親的になってくると、家庭内では家族メンバー全員と関わる母親的なケアマネージャーが必要とされてきます。テレビドラマの『家政婦は見た！』や『家政婦のミタ』もそうですが、しっかりしたマネージャーで秘密の管理者として家庭に入り、ゴミの片づけを行いながらも、同時に家の中の問題まで片づけ、私たちを表舞台に立たせてくれる美しい裏方への憧れが話になっていたと思いますし、タイトルの

「見た」には秘密の発見と取り扱いが重要だという意味合いがあります。

二〇年ほど前でしたか、高橋留美子の人気漫画『めぞん一刻』はアパートの管理人をしているお嬢さんが主人公です。ほかの登場人物はアパートの住人たちで、すべて主人公に踊らされているような強力なパワーのあるマネージャーでケアテイカーでした。現在、そうした存在がどんどん職業化されていて、看護や介護はもとより、ベビーシッター、クリーニングサービス、何でも屋、引っ越し代行など、ある意味で母親的な仕事が職業化されていると思います。

かつては父親的な仕事が職業化されていた時代がありました。その代表例は弁護士、警察官、政治家、医師と、いずれも家の中の父親的な仕事でした。それが今、母親的な仕事の分担と職業化となってきたということです。

最近おもしろいのは、母親たち自身が家にもう一人、雑用係や秘書を欲しいと言っていることです。人々は職業的第二者として、人の秘密を預かってもらって、後ろを守ってもらう存在を求めているのでしょう。それが心の第二者であれば、カウンセラーであり、心理療法家であり、精神分析家の基本であると思うのです。

芸能人なら有能なマネージャー、スポーツ選手なら老練のコーチ、政治家であればよき秘書ということになりましょう。私が舞台に上がるなら、彼らは袖で見守るのです。中でも、格闘技の試合では、介添え役で作戦の指示を出すセコンドというスタッフがいますが、正しく「二番目（second）」なのでしょう。昔のボクシング試合では、ボクサーはそれぞれのコーナーに助手を置いていましたが、これらの助手は自身もボクサーであり、次の試合に備え待機していた。

このように第二試合に出場する選手という意味で、「セコンド」と呼ばれるようになったのだそうです。

そして、その第二者たちに期待されるルールは第一者に対する守秘義務であり、情報とともに、情緒を外に漏らさないことです。ドラマの家政婦たちはそれをちゃんとやって、表／裏のけじめをつけていたところがミソだと私たちは思っています。そして二人の間で誤解やミスが生じるなら、正確な理解や解釈に向けて出会いを重ねていくのです。

裏を返せば、私たち一般人にとってのそういう第二者が今、急激に減っているということでしょう。かつて母親、あるいは父親、そしておばあちゃんたちがやってくれていたような裏の仕事と橋渡しを、ほかの人に頼まねばならなくなっている。つまり、古い意味で普通のお母ちゃんがいなくなりつつあるのでしょう。

「家政婦」は割りきれない

第二者の仕事のポイントはまず裏と表を取り持つことです。裏とは心の中の思い、個人の思いを指していて、それに関して「羨ましい」「うら恥ずかしい」とも言い、取り扱いを間違うと「うらみ」「裏切り」となります。

そして第二者は表にも関わり、子どもが表に出ていくときにどのような服装をすればいいのか、外はどのように見えているのかを考えなければならないので、内にいて外にも向いている必要があります。これが「橋渡し」です。

父親にも適応しながら、同時に子どもにも適応して、どちらも立てることができて、両方に片足ずつ置いて、踏ん張り、橋渡しのために、二股をかけてもらわなくてはなりません。

そして心の家政婦は、内だけに引きこもっていてはだめで、職業的に外の世界にもちゃんと属している必要があります。子どもと父親の間にも立ち、心の中と外の間にもちょうど中立の位置に立っています。これは母親やドラマの家政婦だけではなく、もちろん、精神療法家であれば絶対にやらねばならないことです。

しかし、この二重性がうまく果たせないと、心の内側にあるものを外にばら撒いたり、家の人々の心の境界を混乱させることになってしまいます。心の家政婦が二重性を果たせず、裏切ったら、本当に怖いことだと思います。家の中の恥も外聞もすべて外に漏らされてしまいます。例えば、家政婦が翌日、隣の家庭で同じように忠誠を誓ったとするとどうでしょう。私だけのものだったのが、裏切られるかもしれないわけですから、それだけで嫉妬妄想の対象になります。いつ裏切るのかという不安でパラノイアになって、ひょっとしたら家政婦を潰しにいくということも起こりかねないでしょう。

二重性を堅持しつつ、中立的であること。どちらにも仕えて、どちらをも立てて、どちらにもつかない。こういう心の家政婦の割りきれない中立性は、われわれ精神療法家が一番大事にしていることでもあります。

家政婦のケースと同様、精神療法の仕事でも、犯罪に近い話を聞くこともあります。例えば、レイプされた女性の話を聞くとします。聞いていると、レイプをした犯人が憎くなります。加害者が父親だった場合などは、どうしてもそんなめちゃくちゃな行動をとったその父親のことが憎くなります。

そういうとき、被害女性の話を中立的態度で聞くことに徹するよりも、ナイーブな正義感や小市民感覚で、私たちは一緒になって怒り始めたり、正義感に燃えて立ち上がってしまったりすることもあります。しかし、それでは中立性を失っていることになります。

患者さんの話を聞いてもらい泣きをするのは、親身になっているという点でよさそうですし、患者さんと一緒に怒ったり喚《わめ》いたりすることも患者さんに一応喜んでもらえそうですが、それは治療的ではないと思います。

求められているのはあらゆる価値観から中立的であること、あらゆるものに対して等距離であることで、ただ患者さんの味方をすることが求められているわけではないのです。ジャイアンツファンでも、ヤクルトファンでも、タイガースファンであっても、同じように話が聞けるという、あらゆる価値観からの中立が求められます。プロとしては腹の底ではジャイアンツが嫌いであっても、ジャイアンツファンを認めて、抱える能力が一番大事なポイントだと思います。

これは理想論と言われるかもしれません。しかし、中立性とは中立であることを心がける努力の中にあるのだと思っています。ジャイアンツが負けたら大喜びする自分を抑えることではなく、その情緒に気づきながら内に秘めて、出してはいけないと気がつくことなのです。

一所懸命、中立になろうなろうとする努力の中に、中立性がある。中立性であろうとする努力はあっても、完全に中立になることは、ほとんどの場合あり得ないとも思います。だから私たちにも矛盾や裏表が生じます。そのことがばれたり、そのことが明るみに出たりしたときに、ただ、そこにどれだけ立ち止まれるか、あるいはそのことを自分で認めることができるか、そして修正することができるかが、プロの中立性が発揮されるところだろうと思うのです。

職業的第二者の危機

再度、表と裏の二重性の危険に伴う側面に触れておきます。もちろん第二者に裏切られることが、おそらく人生の中で一番のショックです。第二者の二重性の破綻が人間をずっと苦しめてきたのではないかと思うくらいです。第二者は、これを政治的に、取り引き材料として使うこともありますので。

『夕鶴』であれば、自分と同類の人間の顔をしながら、鶴という異類であったという二重性があります。阿闍世の母親であれば、私には母としていい顔をしながら、同時に妻として父親にもついていた二重性。そして、エディプスであれば、他人の顔をして妻となり、自分のもとへやってきたのに、実は自分の肉親であったという二重性です。

悲劇が悲劇であるのは、やがてはその二重性が露わになり、主人公、つまり私との関係が破綻してしまうからです。しかし、人生が進行するにつれて、どんな人間もこのことに直面せねばなりません。実際、理想的な家政婦にも自分の私生活があるし、そこでは秘密をしゃべっているかもしれません。私の家では笑わず能面のような顔をしていても、自分の家では笑っているかもしれないのです。

人間の集団では裏切りは必ず起きます。それを排除しようとすると、裏切りそうな者たちをすべて寄せつけないようにして、非人間的な社会や集団をつくることになります。しかし、それでは自分たちが抱えている異類性の面倒を見てくれる人を確保できないわけです。

人間は人間であると同時に動物であり、同類であると同時に異類であり、非性的な存在でありながら性的な存在でもあります。善人でもありながら悪人でもあり、子どもでもありながら大人でもあります。

しかし、人間は片面を隠して、いいところだけで舞台に上がろうとします。人間の部分だけを残して、動物の部分は隠し、大人の部分だけを残して、子どもの部分は隠します。裏から支えてくれる人は、動物の部分や子どもの部分を理解し、醜かったり、傷つきやすかったりする部分を受け入れてくれる必要があります。それがここで触れてきた母親的な存在であり、医師や精神分析家のように、そして家政婦のように職業的第二者であったわけです。

そして自分の裸の異類性を受け止めてくれる人は、自らも異類性を持っていることを知っています。信用できる裏方担当には、自分自身の動物性や子どもらしさ、醜さ、傷つきやすさなどを熟知している人が向いています。ドラマの家政婦もそうですが、自分自身の心の中に傷を負っているからこそ、人の心の傷を扱うことができるのです。

しかし私たちは、それを受け止めてくれるはずの人自身が同様の異類性を持っていることに気がつくと、裏切られた思いをしたり、ショックを受けたりすることも避けられません。そういう意味では、家政婦は自分の異類性がばれて、排除されかけるときがもっとも危ないのです。クビだと言われて排除されたり、あるいは彼女自身が恥ずかしい、プロとして失格だと言って、悲劇的に消えてしまうことも起こり得ます。うまくいっているときは重宝がられるけれども、要らなくなった途端に捨てられるというのが、こうした仕事なのです。

いずれにしても、最終的に誰もがその第二者の二重性に直面しなければなりません。けれども、それが外傷的にならないように、幻滅するところをうまく取り持ち、事態をさばいていける能力もまた、この職業的第二者には期待されるわけです。そこでこそ私たち職業的第二者の真価が問われると思います。私たち職業的第二者が、自身の傷つきやすさや異類性をどれだけ受け入れているかが問われるのです。

「ここだけの話」を確保する

母親たちから秘密が漏れることが心配なら、あなたの秘密を聞いて保持してくれる職業的第二者を確保するしかありません。

母親は私のものでありながら、父親のものであったり、弟のものであったりするのだから、私だけの第二者はいないのです。母親は自分の見えないところでみんなと寝ているとすると、秘密はいずれ伝わってしまいます。そうなると私だけの世界を構築するには、みんなとつながっていない第二者とここだけの話をする必要があります。外で自分が言わない限り、それは神にも届かないという安心感が必要です。

自ら精神分析を受けた精神分析家による精神分析が役に立つとしたら、それは以上のような訓練を受けた心の職業的第二者と話ができることです。赤の他人として、「ここだけの話」を確保するということ、そして、心の中にある話の詳細は自分が人に言葉にして伝えない限り、ほかには絶対に伝わらないという、内と外の境界を確認することに寄与すると思うのです。

それにはプロの第二者である分析的セラピストがよいでしょう。どんな人間にも裏があり、裏でみんなとつるんでいる可能性はありますが、プロの第二者には守秘義務という縛りがあって、患者の秘密の詳細をここだけのものとして守るようにせねばなりません。みんなには伝わらない心の空間があることが、第二者との世界と第三者の世界の違いをつくるわけです。

二者関係があって、それがホームグラウンドになって、外に向けて背中を押してもらうことで、初めて三角関係に揉まれることができる。バックを守ってもらいながら、前に進むことのできる人間をつくると思っています。職業的第二者は、後ろ髪を引っ張るような、実際の母親ではないのですから。

もはや現代の母親がその役割を担うのは難しいかもしれません。今では母親も外に出ていくことが多くなっていて、子どもや父親の裏方であるだけでは、自分の自己実現は果たせないのでしょう。

「プロの第二者」としての精神分析家

もちろん、信用できる上司や親友、パートナー、そして家族がいるという場合もあるでしょう。そういった存在のおかげで心の問題が解決にいたる可能性は大いにあります。しかし、場合によっては、またそこがもっとひどい裏切りの温床になることもあります。そうしたことを認めた上で、いまや多くの人々に職業的第二者が必要になるという提案です。

もちろんプロの第二者も失敗することがあります。第二者が社会性を失い、悪意を持って、みんなをマインドコントロールし始めると、それはカルト集団になってしまうおそれがあります。そこで、私たちも社会性を得て批判を仰ぐためにも、学会をつくってケースを報告したり専門書を出したりするという活動を行っています。

そこで個人情報を外に出すときには常に、フィルターをかけて、ケースを改変し、守秘義務を守るようにしなければなりません。それでも報告を患者さん本人が読めばわかりますから、書いたものが目にとまり、表に出たと思われることもあります。そういう私たちの「裏切り」に関して、患者さんやクライアントと話し合うことも仕事のうちだと思います。

私たちは、心の秘密を取り扱っていると自分に言い聞かせ、プロの「心の第二者」として働く必要があります。心の秘密を扱う精神分析家として、秘密の取り扱いに重要な意義があり、トレーニングを必要とするところだろうと私は思っています。それは看護師、ソーシャルワーカー、弁護士、建築家、そしてジャーナリストと、心の秘密を扱う職業人すべてに求められていることでもあります。

ここだけの話にはいろいろなものがあり、セックスの話をしても、排泄に関わる悩みを訴えても、簡単には外には持ち出されません。セラピィは時間が来たら終わりますし、互いに住んでいるところは異なるし、もちろん一緒に生活しているわけではありません。患者さんも言いたくない話はしなくてよいわけで、秘密は選択的に明かされるわけで、全部を明かしてしまう人はまずいません。

また精神分析家は金銭を介して患者さんに雇われているので、いつでもクビにすることができます。精神科医を雇って、決まった時間と空間を買い求めて、ここだけの話を聞いてもらい、その秘密の管理とそれに関する考え方を提示してもらうのです。患者さんが世話になっているといっても、一生縛られるわけではなく、互いに自由です。

いずれにしても、二者関係から三角関係へと橋渡しをする母親的な存在が家庭から失われるほど、その代わりとなるケアマネージャー的な役割が必要となり、心の上でのプロとして精神療法家も必要とされているのです。

楽屋裏担当にも楽屋が欠かせない

私が精神分析家として患者さんと接しているとき、私が昔、芸能人だったことが話題になることがあります。そうすると相手の表情が変わります。私も表情を変えるかもしれません。この事態をうまくさばく方法は、それに気づかれたときにどう思ったのかを自覚し、相手にどのような心の動揺が生まれたのかを聞いていくことです。それも私の仕事のうちなのです。

分析家のプライバシーに関してこんなエピソードがあります。ある精神分析家が、東日本大震災が起きたときに、ちょうど患者さんに会っていました。患者さんの心の問題に集中していたところだったのですが、やはり震災の直後なので面接を中断して家族のもとへ帰らねばならなくなりました。その後ろ姿を見て、患者さんはショックを受けたというのです。しかし、精神分析家にも心配な家族がいます。どんなに母親的な第二者であっても、職業としてそれを行っている者は家族や別の人たちと生活を営んでいるわけで、楽屋裏担当にも楽屋があるのは当然のことです。

そんな楽屋は誰も見たくないけれど、見ざるを得ないときもあります。それは『夕鶴』の「見るなの禁止」が教えるところです。見たくなくて先延ばしにしていた相手の他者性、異類性、あるいは裏切りを、結局は見てしまうのです。これは阿闍世やエディプスの物語でも同じです。

そうした暴露はゆっくりと行われること、つまり、見たくなかったものを急激に見せつけられることがないようにというのが理想です。そして、見せつけられたときに、そのことについて語り合えること。また、その量があまりに多くなって、患者さんを圧倒しないことです。つまり、こうした事態も時間をかけて段階的に通過していくよう、私たち精神療法家は協力せねばならないと考えているのです。

一度裏切った母親は阿闍世を支え続けた

本書で繰り返し指摘してきたように、人間は多面的です。自分だけの母親が父親の側にも寝返っていたり、『夕鶴』では人間は鶴だったりというように、二次元と見えていても、実際は三次元であり、表と言っていても裏が必ずある、どんな真実も多面的であるということなのです。それをエディプスも、与ひょうも、阿闍世もなかなか受け入れることができなかったし、私も含め、ほとんどの人がそうだと思います。

一方で、ときには津波が押し寄せてくることもある豊穣の海で働かなくてはならないし、いつまた揺れるかもしれない大地の上で、暮らしていかねばなりません。前に進むべきだけれど、同時に高台に逃げる準備はいつもしておく必要がある。この矛盾は人生が教えている真実だと思います。

実人生でも、周囲の嫉妬で悪い噂が立ち、孤立無援の裸の王様になりかけたとき、直接自分に噂が立っているという真実を言ってきてくれる人は大事です。みんなの声にかき消されやすいけれども、私と社会の間で仲介してくれる人の存在を大事にすることです。それは中立的第二者であり、専門的第二者かもしれません。身内の第二者は古典的な意味での母親だと思います。そのとき、みすぼらしく、力のないものに見えても、それが嵐が過ぎ去ったときにとても大事になるのです。

妻であり、母親であることを見抜かれたイオカステは首を吊り、そして傷ついた鶴は去っていきます。しかし、阿闍世の母親だけが阿闍世の側にも立ち、父親の側にも立って残るという、中立的で両面的な母親の姿を生き抜くことになります。阿闍世は母親を殺すことをやめましたが、それはそばに阿闍世を諫め、見捨てなかった人たちがいたからです。阿闍世はやがて、父を死なせたことを反省し、改心してすばらしい王になります。

阿闍世を見捨てなかった人たちというのは、いわば裸の王様の味方であり、パートナーであり、アソシエイトでもあることでしょう。それが私たち精神分析家や精神療法家がとるべき橋渡しの立場だろうと思うのです。もし何かが起きたときには、私たちはクライアントと社会とのちょうど真ん中に立って、クライアントの話を聞き続けるでしょう。そして弁護士、ケアテイカー、秘書など、職業的第二者とは、そういう立場なのだと思います。

心の中に秘密基地をつくる

精神分析室やカウンセリングルームは秘密基地と同じです。王様の耳はロバの耳、あるいは裸の王様のように、自分の姿がむき出しになって、みんなに知られてしまったように思われるそのときに、心の内側のためにシェルターをつくり、私の心の居場所をつくるのです。

いくら裸の王様になって、自分のすべてを人に見られていると感じても、自分から人に言わない限り、心の中は絶対に見えません。体は確かに覗かれるし、裸のところは見られるかもしれないけれど、人の心の中は見えないのです。秘密がむき出しになって、世界中から噂されているように思っても、人の心だけは見えないし、神様にもひょっとしたら見えていないかもしれない。それを知ることはとても大事なことです。

本書では「ここだけの話」の重要性について触れてきましたが、それを確保してくれる精神療法家や精神分析家に出会うのもその方法の一つなのです。「ここだけの話」が外部には簡単には聞こえないという部屋があることを確信し、セラピストとともに確認することが、むき出しにされた自己をもう一度、シェルターの内側に置いておけるようにする営みの入り口となります。

心の外の世界では、竹で割ったような性格が求められ、潔いこと、美しいことが求められるのが日本社会です。しかし、心の中には醜いこと、汚いこと、邪《よこしま》な思いも存在します。この世にはそれを暴露しようとする人たちもいますが、それを置いておく場所を確保することの大切さを強調したいと思います。私たち精神分析家、精神療法家は貴重な二者関係を提供することで、そのお手伝いをしているのです。

キーワード

＊職業的第三者

子どもに対する母親のように、後ろから支える役割を果たすプロのケアマネージャー的存在。特に心の問題では精神科医、心理療法士、精神分析家などが挙げられる。

＊「ここだけの話」

精神分析家、精神療法家と患者との二者間で、時間と場所を共有することで行われるような、外には聞こえない話。その時間と空間は心の秘密の置き場所であり、自分の居場所ともなる。

終章　嫉妬をこなすこと、生き残ること

――「普通の深層心理学」を理解する

聴衆、患者、私という三角関係

一九七五年ごろから二年間、私はロンドンのモーズレイ病院で精神医学の研修を行いました。私がロンドンに行ったのはもちろんビートルズという縁もありましたが、フロイトがロンドンで没したこともあり、また当時話題になった『ひき裂かれた自己』という本を書いたイギリスの精神科医R・D・レインの影を追いかけてのことでした。そのレインの先生にあたる人で、ウィニコットという人の考えに最終的に傾倒しますが、私はやがてそのおおもとのフロイト精神分析学に惹かれることになります。

行ってみて気がついたのは、モーズレイ病院は当時、おもしろいことに精神療法が精神分析的な治療と行動療法との二つに大きく分かれていたことです。行動療法には大物的な存在のハンス・アイゼンクがいました。精神分析学が無意識や言語に深く関わるのに対して、行動療法は逆に心の内側を問題にしないで行動レベルだけで人を理解しようとするため、客観的で誰にも納得しやすい心の治療方法と言うことができます。

私がモーズレイ病院に行ったのは、ちょうど目の前でこの精神分析学派と行動療法学派が論争しているさなかでした。パーティになったら一応は仲がいいけれども、論争では激しく争うのです。ちなみに私が一番最初に訳した本は、行動療法に関するものでした。それは誰にでもわかる行動を基本にしたものですから、語学力が多少拙くても、わかりやすいものだったのです。

これに対して、精神分析学は例えば、患者さんが風船が怖かったと言うと、その思いを大切にして、「風船が怖いのは母親の乳房が怖いのかもしれない」と深層心理を考えるのです。行動療法はそれを否定しないものの、無意識をブラックボックスの中に入れて、まず外から見える行動を考えようという治療方法でした。

私たち若者の目の前でその二つが激しく論争するところは、とても刺激的でした。カンファレンスでは世界の精神医学者やその卵の三〇〇人ぐらいが一つのフロアに集まって、それぞれのケースを発表するのです。私もやりましたが、どこから何が飛んでくるかわからないという討論が続きましたから、とても怖いものでした。

会場は私の味方である精神分析学派と、敵である行動療法学派の二つに分かれ、批判されたり褒められたり、私の発言を引き継いでフロアでは論争が始まったりもするのです。逆にほかの人のケースについて、私はどう思うのかが問われたりもしました。またそこには、精神療法には関心のないニュートラルな医師たちもいましたが、この二つの学派の論争や治療効果の比較研究はすぐに病院での予算や人員の配分に反映され、どこにいても勝つか負けるかの競争と嫉妬がついて回るのでした。

さらにおもしろいのは、伝統的にケースカンファレンスに患者さんもやってきて、発言することです。つまりそこでは、聴衆、患者、私という三角関係が生じます。それまで密室の一対一の二者関係で接してきた患者さんが、公開の場で治療者である私のことを何と言うか、その発言内容は大きなインパクトを与えます。「この先生は、何もわかってくれません」と言うかもしれないと思うと、不安になります。患者さんが最後まで治療者である私の同盟者や中立的第三者になってくれるのか。裏切りはないのか。そこで私は緊張するのです。そして、そうした私と患者さんの二者関係を第三者の聴衆や指導者が見て、いい治療になっていると思うかが、そのまま私の成績となるのです。

私は、あるとき緊張して、どう準備したらいいかと上司の先生に相談をしました。すると彼はなんと、当日言う冗談を三つ考えてみろと言ったのです。つまり、「これだけ準備したんだから、もうほかのことは考えるな」という意味であり、このアドバイスこそ冗談みたいなものだったのです。なるほどと思いました。今でも、私が当日どんな冗談を言ったのかまで、はっきり覚えているほどです。

当日、自分ではうまくやれたと思いました。結構評価も高くて、怖くともやってよかったなと思いました。その場にいた患者さんも特別なことは何も言わず、無難な発言に終始し、そのまま帰りました。そして、さらに次の日だったでしょうか、彼は私との治療のセッションのためにやってきました。そして、「ああ、緊張した。先生どうでしたか」と不安げに私に聞きました。それと、私が彼のことを何と言うのかとても心配だったとも。実は、彼も私と同じ心境だったのです。

私たち二人だけの世界と外の第三者世界との間を取り持っているのは、彼にとっては私であるし、私にとっては彼なのだと実感しました。その橋渡しがうまく機能してくれたおかげで、お互いにうまくいったのだと思いました。世の中が劇場であれば、二人で楽屋裏を共有したということです。ですから、外に二人で出ていくときはお互いにどういう関係を持っているのかがみんなに見えるのであり、それこそが第三者に評価されるのです。

このように、自分にとって第二者は互いに後ろ盾と呼んでもよい存在です。私は研修というプロセスで、そうした後ろ盾や信頼関係がないと裏切りが怖くなり、外に出られないくらいに不安になるということを学びました。長く一緒にいるなら、二者関係、二人だけの世界、「ここだけの話」がどれだけ大切かと感じるようになりました。

二人だけの肉声に惹かれて

精神科医になった理由は、第一にこういう裏の仕事がおもしろいと思ったからです。表に出て、ラジオに出たり、ステージに立ったり、このような本を出したりもしましたが、臨床家として何が一番おもしろいかというと、二人だけで密室に入って、絶対、第三者には聞かれない肉声で話をするということです。

活字でそれを外に報告するときは、プライバシーを考え修飾した表現をします。しかし、そうでなくても活字になるだけで、もうすでに肉声は聞こえないのです。人は表と裏のどちらが本当かというと、答えは両方なのだと思いますが、やはり本に出るのは表面だと思うのです。これは誰でも読めるわけですから。

しかし裏は密室にあり、裏で語られたものは肉声で、文章で言えば肉筆の世界です。そちらには漢字の私・北山修がいて、私の肉声・肉筆はそちらに所属していて、やがて表に出てきて、外でいろいろな活動をしているのは、平仮名の「きたやまおさむ」だというけじめが生まれたと思います。

二人だけの交流は、外でのみんなとのやり取りやマスコミ的な世界とは、まったく質もレベルも違います。私には、この肉声で肉筆の目の前にあるものこそ、原点なのです。防人《さきもりの》歌《うた》もここで生まれるのであって、国語の教科書のために生まれるわけではないのです。しかし、私たちは国語の教科書のために防人歌が生まれるような錯覚を覚えてしまうのです。

歌はあなたのために、妹《いも》のためにつくられるのであって、世界で有名になるためにつくられているわけではないのです。多くのソングライターたちはその現実を知っていると思います。

そこを勘違いして、みんなのためにつくってしまう歌を私的世界以前に最優先してしまうと、疎外感が癒されるのは酒と薬しかないような、肥大する虚の世界に没入してしまう可能性があるのだと想像していただけるでしょう。そういう意味では私はそこに少し参加して、帰ってくるしかないと思ったのです。ファウスト博士のように向こうの世界に行ってしまうと、やがては戻ってこられなくなってしまうとそのとき思いました。だから間に合ううちに家に帰ろうとしたのです。私は撤退し、イギリスへ行き、パーソナルな交流を専門とする精神科医になろうと思ったのです。

二人だけで話し合い、二人だけで空想を話すことと、第三者性の高い言語や文化の中で言えることの間には、相容れないものがあり大きな隔たりがあります。ほかの人に伝わるにはこの言語や文化を通さなければなりませんので、そこではその手前の二者関係の交流や言語以前の世界から多くのものが切り捨てられてしまいます。

これは、母親と子どもの間だけで使われていた言葉が、世界に出ていくときに言語の資格を問われて、ある言葉しか許容されなくなっていくという段階論と似ています。私はまずは二者関係の言語、つまり二者言語の専門家になりたいと強く思うようになりました。

そういった考えが精神分析学にはあって、トレーニングや研究の一つとして乳幼児観察を行います。そして、二者言語から三者言語へ、二者関係から三角関係への二段階があり、三角関係をちゃんとこなせるようになるためには、二者関係がきちんと確立されていないといけないという発想を持った精神分析学に、私は飛びついていったのです。

ウィニコットの二者心理学に感銘を受ける

そこで出会うのが、すでに紹介したウィニコットです。彼はフロイト精神分析学の中でも母子関係論を主張した一人です。

今でこそ精神分析は「エディプス以前（Pre-Oedipal）」を問題にしますが、エディプス・コンプレックスという三角関係を中心にした心理より以前の二者関係論を、早い時期から彼は主張しました。母子関係、二者関係主体の精神分析的な理論で、これを二者心理学と呼ぶならば、それこそが重要だとウィニコットは主張したのです。

ウィニコットは一九四〇年から七〇年ぐらいまで仕事をした人です。ロンドンにはあのころ、戦争のために父親や家庭を失ったブロークンファミリーの子どもたちが溢れていました。その人たちを治療する必要性があったのです。

ウィニコットは精神分析家である以前に小児科医でした。小児科医であるということは、母親も治療対象となります。治療するとき、母親の膝の上に載っている子どもを相手にしながら、病気の説明も母親に対して行うのです。

母親のいない子どもはいないし、また、母親的存在のいない子どもはいません。ですから、ウィニコットにとって、診ているのは母子関係、あるいは母子のカップル、あるいは養育を行う側と養育を受ける側の二人でした。

私はこの二者心理学に感銘を受けました。今でこそ、子どもが生まれたら、すぐに添い寝しなければとか、母親と子どもの一体感やボンドメイキングが大事だと言うようになりましたが、子どもは成長すればそれでいいという一九四〇年ごろに、母親の役割の重要性を主張する小児科医はそれほど多くなかったのです。

自立の大切さを強調し、母親という魔女にたぶらかされるのを恐れるイギリス、あるいはヨーロッパ文明の中で、子どもを抱えそして依存させる母親の役割や機能の重要性を強調していることに、ますます私は興味を持つようになったわけです。

音楽という「錯覚」の大切さ

ウィニコット理論には、ほかのフロイト派の精神分析学との理論的な対立点がありました。子どもと母親の間には誕生まで体内で経験する一体感があります。「臍帯《さいたい》循環」といって、胎児は胎盤を介して母親から栄養物をもらい、要らないものは全部、母親に吐き出してもらいます。ところが、誕生のときにそれは失われてしまいます。その大きな変化を「出生外傷」と言います。自分で呼吸することを覚え、自分で食べないと世界を生き延びることができないのは、大変な外傷体験だと思うのです。おそらく、私たちが経験する最大の不連続です。

しかし、普通は出生外傷はないとウィニコットは言うのです。その不連続性は親の側からの適応で補償できる、と。すでに子どもにはその能力があり、世界を動かそうとして、メッセージを発信しているわけだから、それを受信し、親の側の献身で支えることで、十分補償できると考えるのです。

もちろん、精神病理が問題になるのは、ときにそれに失敗することがあるからです。うまく母親や母親的環境に適応できなかったり、母親にうまく信号を送ることができないなどの場合です。ウィニコットは小児科医だからこそ、母親や環境の側の適応を強調するのです。

これに対し、フロイト学派は基本的に、生まれてしまったらもう何をやっても取り返しのつくものではないと考えます。そうした完全な母親を夢見るのは実現しない迷妄であり、だから、それについては自覚的に断念して生きるしかないということなのでしょう。

ウィニコットは楽観的なのです。しかし、絶望がはびこる臨床場面における一つの希望として、それを堅持しているのだろうと思います。私たちが海岸で浮き袋でぼんやり浮かんでいるのは、子宮内体験かもしれません。もしかすると私たちが好んで温泉に入るのも、それかもしれません。ウィニコットはそれを「錯覚（イリュージョン）」と呼びます。それはフロイト派の精神分析学が、何もないところに抱くものを妄想（デリュージョン）的だと言っているのとは決定的に違います。錯覚は何か裏づけとなるものが先にあるから、錯覚するのであって、それを提供してくれるのが母親あるいは母親代理だと考えるのです。そして、私たちは海で子宮内体験を錯覚する。それが文化だというわけです。

私は音楽をやっていたから、錯覚（イリュージョン）を楽しむ自分がいることがわかりました。遊びの考察でよく知られたロジェ・カイヨワやヨハン・ホイジンガが言っていたことですが、イリュージョンには遊ぶという意味があるのです。イリュージョンの動詞illudeを分けると、ラテン語でilは英語のinにあたり、ludeは遊ぶplayにあたるので、「in the play（遊びの中）」という意味になります。

シルク・ドゥ・ソレイユのイリュージョンを見てもわかるとおり、人が空を飛んだかというと、飛んでいなくて、そこには裏づけとなる仕掛けがあります。

そういう錯覚世界は私たちにとって大事で、文化というある種のごまかしがあるからこそ、私たちは生き残っていけます。母親の子どもだましのおかげで錯覚としての子宮内体験が提供されたので、未熟な子どもの時代を私たちは生き延びたのです。

こう考えると、父の登場で三角関係が本格的に始まるまでの間に、母子関係の中で補償されるべきイリュージョンに満ちた世界が必要になってきます。そして、どうやってその子どもだましから目覚めるかという幻滅（ディスイリュージョン）も大事なのです。

『帰って来たヨッパライ』では最初に神様が出てきたときは、「もっと真面目にやれ〜」と言われて、酒だけを取り上げられて、帰っていきます。しかし、叱られたことを忘れて調子に乗っていると、再び神様が現れて、最後にそこから放り出されるのです。だからこうした段階論も重要だと思います。

日本人の精神分析をやる

日本に帰ってきて、精神科医として働きつつ、コツコツと論文を書き始めました。日本の音楽界で昔の仲間が活躍しているのを見ていて、それが気になるのは、やはり悔しいと同時に羨ましいのです。比べ物にならなくても、小田和正君を見て競争心を意識させられ、「歌いたくてもあんなに上手に歌えないよ」と自分に言い聞かせていました。

私はひっそりと、論文を書いて、本をまとめていきました。それは内外で活躍している「あいつら」、そして私の父親世代や同僚に対する嫉妬心や対抗意識の一番効果的な処理策で防衛策だったと言えそうです。自分はコツコツと臨床を行い、フロイトを研究し、遠くにいる人のことではなく、いつもここにいる私たち自身の、日本人の内面の分析をやってやろうと考えました。そして不十分な自己分析の一環として、フロイトがギリシャ悲劇をもとにエディプス・コンプレックスを言うのなら、自分は日本の昔話をよく読み直してみようと思ったのです。大それたことに、ここにもフロイトや西洋人に対する競争意識があったのだろうと思います。

自分は嫉妬深い、そして皆と同じように内面の見にくい人間であることを知っておくことが、嫉妬の心理学を理解するための第一歩でしょう。私が、ここでこのような本を書いているのも、読者からの愛を誰かと競い合っているからなのです。それは、当たり前で自然なことなのです。嫉妬は醜い心理なのではなく、まずは見にくいのです。だからこの真実から目をそらしてはいけない、と言い聞かせました。

そして私が調べた日本の神話や昔話では、豊かな母親像が突然、傷ついたり、死んだりします。そのことに驚きました。すでに触れたように、『夕鶴』では、つうは一反を織ったあと、貪欲な与ひょうに二反目を織ってくれと頼まれたときに断っていれば、致命的に傷つかないですんだのです。『蛇女房』の場合は、片目を玉として差し出しておいて、また玉が欲しいと言われてもう片方の目を差し出さなければよかったのではないかと思いました。ウィニコットの考え方が思い出されました。つまり、段階的幻滅があれば、私たちはここを乗り越えられるかもしれないという可能性を語っていたのかもしれないと思うようになりました。急激な幻滅と段階的な幻滅の違いです。

やがては私たちは、子宮内で体験していたはずの一体感は失われてしまったという真実を発見していかざるを得ません。もうあの母親はいないし、あの豊かな乳房はすでに失われているという事実に直面することになります。そこをゆっくりと経験させてくれる育児の可能性、二者関係にゆっくりと訪れる三角関係化が構想されているのです。

私たちが日本で実際に見聞きする例では、母親たちは錯覚（イリュージョン）をつくるのはうまいものの、そこから身を引くのがすごくへたなのではないでしょうか。いくら添い寝を理想化していても、下の子が生まれたら、すぐにその子が母親の腕を占拠してしまいます。そうしたときのゆっくりとした幻滅（私はこれを「脱錯覚」と呼びます）がへたで、母子関係が濃厚だと、結果として急激な幻滅があまりにも頻繁に起きてしまうのではないでしょうか。

いくら幼稚園でみんなで一緒にゴールインしても、格差や落差は訪れます。いくら学芸会でプリンセスを一〇人にしても、競争原理は襲いかかってきます。多くのやり方は、ただ幻滅を遅らせることになるだけで、決してこれを緩慢にはしない。

それは文化や風俗にも表れる問題でもあります。テレビ番組で視聴率が下がったら、突然打ち切ってしまうようなものです。文化のありようは、消えていくこと、幻滅することに対して非常に不親切です。錯覚をつくるだけでなく、そこから抜け出すときにうまく幻滅していくことこそが大事なのに。

祭りの盛り上げだけではなく、「あとの祭り」こそ心理的成長には重要なのです。急激な幻滅の悲劇を描いたのが『夕鶴』であり、そのほか多くの異類婚姻説話であると言えます。これらの物語を見ると、段階的幻滅などほとんど無理なのかもしれないと思うほどですが、それが課題であるのは間違いありません。

二者関係を壊されて、錯覚から目が覚めて、幻滅していく過程で、現実が第三項として入ってきます。これが具体的には神様だったり、弟や姉や父親であったり、経済原則であったりします。その錯覚が壊れていく、幻滅の理解こそが病理の発生や健康な性格の形成にとって大事なポイントだというのです。

愛はまず「居場所」を提供すること

このとき親が提供してくれるものの代表が「抱える環境」であると、ウィニコットは言います。人はしばしば、もらったものばかりを強調します。人形をもらったとか、食べ物やお金をもらったといったことです。また、クリスマスに叔母からプレゼントをもらった、祖父からあれこれ贈られたと言うのです。そしてプレゼントの値段、それで嫉妬が生まれます。

しかしそれは目先のことで、物は些細なことです。むしろクリスマスパーティが終わったあと、片づけをしたのは、そして正月を無事迎えられたのは、居場所や環境のおかげであったりします。その提供こそが親や保護者の愛であり、それがずっと続いていたからこそ、クリスマスパーティがあったし、お正月も来るのです。

育児や世話でそれがないと、例えばクリスマスプレゼントがあったとしても、クリスマスパーティは無事に終わりません。一二月二六日にも継続して、子どものことを心配する人が必要なのです。保護者が、決して与えるだけはなく、抱え続けて、そばに居続けることなのです。これをウィニコットが「抱える」と呼んだのは卓見だと思います。気づかれにくいことですが、環境の提供、つまり時間を越えた居場所の提供こそが親の仕事だからです。

「衣食足りて」と言うけれども、衣食住で言えば住のほうも子どもの成長には大事だということです。物をもらったり、獲得したりして得られる幸せもあります。金持ちと結婚したり、一等賞を取ったりと、何か「すること」で幸せになることもあります。そのように物で幸せを代表することもできますが、私たちが幸せに感じられるのはそれを体験する居場所を持って「いること」だとも言えます。

居ることの幸せは、確かにあるのです。猫を見ているとそう思います。寝る子は育つとはよく言ったもので、実はそれだけで育つのです。毎日の劇場的な人生に対して、現代人には心の楽屋が必要で、そこで心は素顔で「いること」が一番幸せなのかもしれません。夏の海に浮き輪で何もしないで浮かんでいる状態、温泉につかってほどよい温かさに包まれている状態はまさに居るだけでよくて、ほかに何もしなくていいという幸せを表現したものだということになります。

確かに戦後のイギリスで小児科医をやっていれば、そういう環境主義に到達する英国的事情もよくわかりました。しかしながら、母親の育児から学ぶこと、私は精神科医としてそれが実践の原点のように感じ、納得させられることの多い理論だと思ったのです。

誰かが困っていると、物をあげたり、お金を渡したりします。しかし、それだけではなく、まず居場所を提供すること。今回の東日本大震災でもそうですが、これはとても大事な営みであり、考え方だと思います。物だけではなく居場所がないと「すること」「いること」の幸せが味わえないのです。物のやり取りだけが生き甲斐になっている人が、面接室という臨床現場でようやく「いること」の幸せを発見することがあります。

心の「鏡」を求めて

私が精神分析の知恵を紹介するときに、人生を劇場の演技のように見る劇的な視点を持ち込むのは、私がこれまで多くの場所でパフォーマーであったからです。しかし、現代人の多くが出演者のように生きておられて、それを考えるとこの劇的観点はなかなか有効のようです。

そういう中で、私が歌をやめて以来、その歌詞に現代人の苦悩を見たシンガーの一人が尾崎豊でした。彼は、物や名声が手に入っても、一番知りたいのは、愛されているかどうか、嫌われていないかどうかだと歌で訴えていました。

『シェリー』という曲は、「俺はうまく歌えているか」「俺はうまく笑えているか」「俺に愛される資格はあるか」と人の目が気になってしかたがない男の歌です。そして『僕が僕であるために』では「優しさを口にすれば人は皆傷ついてゆく」と歌います。

私は、夭逝した尾崎豊と面識はありませんでしたが、彼は世界中が自分のことについてしゃべっているようだけど、いいことばかりは言っていないなと感じたときに、恐怖を感じるような対人恐怖的心性、あるいは被害妄想的心性を経験したのではないかと思っています。最後に「いつになれば俺は這い上がれるだろう」「どこに行けば俺はたどりつけるだろう」「勝ち続けなきゃならない」と歌っていた彼も、人前にさらけ出されて、隠れるところがなくなり、追い詰められてしまったのだろうかと思います。

例えば、悪い噂を立てられたときに専門的第三者が求められるというお話をしました。むき出しになるシンガーは、裏で支えるケアマネージャーのような存在や避難所になってくれる保護者が必要であり、自分の中身をここだけに置いておける「抱える環境」が必要だということです。尾崎豊だけでなく、ほかの多くのポップスターがそうだったように、無防備で不特定多数の人前に立つと、人工的なナルシシストや職業的な二重人格者になり、世界からどのように見えているかが、気になってしかたがなくなるのだと思います。

マイケル・ジャクソンもそうです。現在、世界を相手にしているトップスターたちは鏡だけでなく、ビデオやDVDなど録画装置などのおかげで、自分の姿を見ることができるようになりました。ナルシシズムの観点からすると、昔であれば、自分がどう見えているのかがわからないため、不安でしかたがなかったのが、最近では自分がどう見えているかがはっきりとわかるようになったのです。

マイケル・ジャクソンの死後に公開された映画『THIS IS IT』には、自分が舞台上に登場している画像を細かくチェックしているシーンがあります。そして、チェックをしてはまた舞台に上がって、踊って歌うのです。最近は、野球選手もそうで、昔は王貞治選手は鏡の前でバットを振っていましたが、今の選手はパフォーマンスの向上のために、自分のバッティングフォームを映像に録《と》って再生しながら、ここはもう少し腕を上げてなどと自分の姿を振り返ってみることをしています。

世界からどう見られているのかわからないで、悪い噂を立てられることが不安になりやすいトップスターやスポーツ選手などにとっては、自分を客観視する格好のツールを手に入れることができたと言えるでしょう。しかし、そこに自分の姿は映っていても、自分が世界からどう思われているかまでは映してくれないのです。機械に映っているのは羨ましがられていそうな格好をしている自分で、実際におまえの性格はこうなっているぞとは教えてくれないし、そこで自分の心がどうなっているかまでは教えてくれないのです。パーソナリティ（Personality）の中にある「ペルソナ（Persona）」という言葉は、神劇の中でかぶる仮面のことを指していましたが、このように外から自分の性格がどう見えているかが自分にわからないのは、古典的な悩みなのでしょう。

だから多くのパフォーマーたちの悩みは、いつの時代も変わりません。いくら機械が進歩しても、心の問題だけは映してもらえないのです。そして、その代わりになるのが職業的第二者ではないかと思います。心の鏡となりうるのは専門的な第二者であり、そのために私たち専門家は人の鏡になるように努力しているのです。

現代人には心の楽屋が必要とも言いましたが、その楽屋には鏡がなければなりません。人の理想になるという意味の「鑑《かがみ》」ではなく、人の心のことをありのままに映してあげられる「鏡」になることが、精神科医やカウンセラーに求められることなのです。そのために私たちは、自分の価値観をあまりそこに混じらせない「鏡」となるよう努力をすべきです。虚心坦懐な第三者になるべく、専門家としての研修を受けねばならないのです。

みんな人間であり、動物である

ステレオタイプに考えれば、私の知人たちも含めて出演する芸術家たちにはそういう悩みが多いのだろうと思います。私の目から見ても、自死を選ぶ彼らは劇場型人間でした。人からの反応をすごく気にして、自分のイメージをつくり上げ、それをうまくコントロールすることが楽しくてしかたなかった人たちだと思います。だから、役柄を演じることで、自分の思いどおりに相手が喜ばなくなってしまったのでつまらなくなってしまったのかもしれません。そうなると、自分のつくったオモチャに自分で失望して、それで切れて自死したのではないか。私としては、そういう話を彼らとしていたので、非常に残念としか言いようがありません。

本人たちも自分はそういう人間だと言っていましたし、そうした意味で自死は確信的でした。六〇を過ぎてまで生きている気になれないし、憶測では、例えば、なぜ歯が抜けてまで、皮膚がたるんでまで生きていられるのか、という考え方だったように思うのです。

その上、この国で悪い噂を止めるもっとも有効な方法が自死なのです。日本では「死者に鞭打たない」からです。もし鞭打つことがあるとすれば、自死は少なくなるだろうとも思います。

つまり世の中は、生きている者と死んだ者、綺麗なものと不潔なものをはっきり区別します。あるいは、良いものと悪いものといったように二分法を強いてきます。恥ずかしいと感じさせられているのは、その二分法に収まりの悪い場合です。場違いで、行くところもなく札付きの存在で、鳥とけものの間でコウモリになっている状態です。老人とはどっちつかずで、どっちにもついている分類不能な存在であると世の中の側も見ているようなので、老人は自分自身が宙ぶらりんで、収まりの悪さを経験していることにも恥ずかしいと感じるのです。

その瞬間に収まりが悪く、自分で自分を抱えていられなくなって、どこかはっきりとした、死という国に収めてしまおうと感じる。そして、自分を消しゴムで消すように、そして水に流すようにして、潔く死んでしまうのだと思うのです。

映画スターのくせにみっともなかったとか、あるいは潔癖であるべき職種で不潔なことにも手を染めていたとか、善人なのに悪人でもあったというような二重性の烙印を押されたときに、全体として中途半端などっちつかずの、収まりの悪い、気持ちの悪い状態に自分がいることを認知します。それは宙吊りになったみたいで割りきれず不愉快なのです。噂は流れるものだし、のどもと過ぎれば熱さも忘れるはずなのに、一瞬、自分はどこにも置いてもらえず、この世に居場所のない、分類不能の存在であることを感じるのです。

私自身も医者のくせにミュージシャンであり、九州にいるけれど東京にもいたり、有名だけども無名だといったように、どっちつかずで、おまえは何をやっているんだと、自分でも時々思うこともあります。しかし、私はこういう状態が好きだとは言わないけれど、その収まりの悪さが私と周囲には非常に興味深いのです。

分類不能の困難にエディプスも出会っています。自分の妻が母親であったという困難もそうです。女性の顔をしていて、胸と脚と尾は獅子で、鳥の羽を持っていた多面的怪物・スフィンクスが出した謎、つまり「朝は四本足で、昼は二本足で、夜は三本足で歩くものは何か」という問いかけは、まさに分類不能の困難さを意味したものでした。エディプスがそれは人間だと答えると、謎を解かれて驚いたスフィンクスは逃げ出してしまいます。

このエディプスの話は、人間が本質的に多面的であることを教えています。そして母親も多面的であり、人生は多面的なのです。エディプスがそれは人間だと見抜いたのは見事でした。しかし、その知恵に驕《おご》り、慢心したのでしょうか。その後、自分の妻が母親であることを見抜けないという悲劇が待っていたのです。

勝ち負けの連続を生きる

結局、私は私であり、日本人は日本人でしかないのです。しかし、「羨ましくなんかないよ」とうそぶいて表面では平等を装いながら表で勝負せず、裏で悪口と陰口をたたいて足を引っ張り合うのは、もううんざりです。この私たち日本人がこれからどう三角関係を生きるか、そしてそこから生き残るためにどうすればいいのか。

三角関係の中で嫉妬されないように生きようとして、これを突き詰めると、自己敗北型人生を選ぶしかなくなります。予め負けておくと嫉妬されず心理的に楽だからなのですが、それを続けているとすっかり負け癖がついてしまいます。病気や死に逃避してしまうこともあります。引きこもって病気になると嫉妬されないからです。それを周囲の人たちは怠け病と呼んだりもしますが、そう呼んだところで物事は解決しません。やはり、嫉妬されること／することに強くなることが重要になります。

すでに触れたように、嫉妬は破壊的になる可能性もありますが、そこから欲しいものを手に入れようとするための努力が生まれ、それが自分の成長や繁栄につながることもあります。そのためには、嫉妬が人を動かすという「普通の心理学」を理解することです。

建設的な嫉妬は、まずは勝負を選択させ、勝つことを目標にするでしょう。みんなから嫉妬されるようなものをつくったり、奪ったりして、手に入れようとすることでしょう。それが「嫉妬の心理学」における目標であり、方法になります。

もちろん、競争に距離を置き、のんびりした生活をひたすら楽しむのもいいのです。競争から逃れた遊びに、瓢簞《ひょうたん》から駒のような発見もあれば創造もあるのです。しかし、ないかもしれないし、それはなければないでまたいいのでしょう。遊びに目的はないのですから。

しかし、皆が望むことで成功するためには、まずそこで競わねばなりません。これが嫉妬や三角関係に伴う煩わしいところですが、結果はどうしても勝負なしにはあり得ないのです。

人と闘うことがなくとも、風と闘うヨットや波と競うサーフィンなど、競争と勝敗はどこにでもあります。競争に参加するための態度やメンタリティは、プロ野球などのスポーツに学ぶのが一番よいでしょう。例えばシーズン中の四月から一〇月まで戦い、残りの月は休むという方式です。ほどよく戦って勝つ方法などあり得ないので、勝負は集中してやって、終わったらパッと休む。昼間はずっと戦って、夕方五時になったら、パッと帰る。勝負ではとりあえず、スポーツマンのそういうメリハリのある生き方しかないように思います。

そうしてすぐに勝ち負けがついて、また勝敗は決まっていく。打たれ強く、負け強く、勝ち強い。勝負は勝ち負けの連続です。勝つ自分もいれば、負ける自分もいる。日本人的な潔く闘い潔く退くという発想は形式美としては美しいけれども、その裏にある汚い根回しを考えると勝ち負けのつかない曖昧なものです。

「見にくい（醜い）もの」に強くなること

潔いことを尊ぶ日本人の、汚いことに弱いというメンタリティは、日本神話の展開も支えるものです。汚いものに弱い神様は多く出てくるものの、汚いものに強い神様は出てきません。神様は汚いものから逃げ回って、禊ぎ、祓い、清めをしています。汚いものに首を突っ込んで、汚いものを扱って、うまくこなせるようになって勝ったという話が少ないのです。

汚いものに手をつけた者は汚い存在になってしまうので、みんな、表向き汚いものに手をつけないで、綺麗なまま偉くなろう、強くなろうとするわけです。逆に、裏の汚いことが露呈しただけで、引きずり下ろされます。

そして、日本では若者は留学せず、人々は次第に外に出なくなって、全体的に引きこもり傾向が強くなっているように思います。一部のものだけが外部に出て勝負し、残りの大量の人たちは内側にとどまり、ドングリの背比べをしているようです。

この人たちに、例えば、外を指さして「外に出ていきなさい。フロンティアは外国にある」と言ったところで、ほとんどの人たちは国際性に関係なく生きているわけだから、あまり意味のないことかもしれません。

しかしながら、内部にこそ強敵がいます。それは、汚いもの、見にくい（醜い）もの、気持ちの悪いものです。この国にも、心理的に見にくい物事や不純であることに強い人がたくさん生まれ、これをこなし勝つこともできるようになってほしいと思います。汚いものに強いというのは、その人物も汚いことをするとか自ら汚いものになるという意味（人々はそう感じているのですが）ではなく、汚いことを理解し、みっともないことと思われることや醜いものを取り扱えるという意味です。そうした人に勝ってもらいたいと思うのです。不潔恐怖ではない、そういうヒーローを待ちたいし、そういう女神の登場を私は待ちたいのです。

確かに、今音楽界で流行の女の子たちのグループは、横に並んで人前でスポットライトを浴びて値踏みされているのです。選択されほかの嫉妬を引き受け、自ら嫉妬し、見にくい欲望の対象となる勇気は、この画一主義社会の中で大したものです。ただおじさんの嫌みを言うなら、みんなでやるなら、一人でやるよりは怖くないのでしょう。

調子に乗るのは楽屋で、心の中で

さらに、勝つと調子に乗る。私たちにはこれが大変危険なことです。ガッツポーズや勝ち誇った態度は品がないと言われやすく、調子に乗って美酒に酔っていたら、格好の嫉妬のターゲットとなり、足をすくわれます。だから、横綱が優勝したときにもガッツポーズはしないで、勝利者はとにかく皆さんのおかげだと言うのでしょう。プロ野球選手もヒーローインタビューでも調子に乗らないし、おつきあいの美酒に酔いません。調子に乗ったら、嫉妬のターゲットになって圧倒されてしまうと思っているのかもしれません。

私たちは勝利者インタビューや受賞スピーチが大好きですが、あそこでも名台詞を期待し、パフォーマンスを待っているのでしょう。出演者はそこで浮かれて調子に乗ったり、美酒に酔うところは表で見せないのです。そして土俵の外でも、調子に乗って悪いやつに絡まれるような場所には行かないことです。

勝つとどうしても調子に乗り、勝ち誇り美酒に酔いたい心理になります。トップになると笑いが止まらず、浮かれ気分や天にも昇りたい気持ちになることがあるだろうと思います。私たち臨床家の体験から言うなら、上品な日本人も内心では、獣のごとく相手を突き落とし、蹴飛ばし、殴りつけたいのだし、そして勝ち誇り、ふんぞり返り、雄叫びを上げたいのです。夢の中では実際にそうしているのですが、外ではただ隠しているだけなのです。それは楽屋で、内輪で、心の中で示すしかないようです。

その内面の喜びを日常でわかってもらえたのは、察するとか汲むとかの共感的理解が生きていた時代のことであり、最近はなかなかそこまで理解してもらえないようです。それでも出すなら、したり顔、得意顔、どや顔の程度で。

私は二〇年前、ひいきの野球チームが目の前で優勝し、監督が胴上げされたときは、もう最高だと思いました。それでも、当の選手たちや監督は「皆さんのおかげです」と言って、節度を守って、調子に乗ることを自重していました。調子に乗ると嫉妬の対象になって、その日の夜から、スキャンダルに巻き込まれたり、暴力沙汰になったりという話は当然よく聞くことなのです。そうした管理や自重についてはよいマネージャーや秘書、つまり専門的第三者が必要なのです。

調子に乗るとさらに嫉妬されるというのは、嫉妬の心理学の普通の原則です。当然の試練や課題とも言え、ルーキーは二年目が厳しいというのはみんなにとってもそうだと思います。皆が勝負を挑んできますから。

その上、多くの勝利はそれほど楽しいものでもないのです。その直後から、相手を倒した罪悪感と相手を失った空しさが伴います。多くの喜びは勝利に向けてのプロセスにあるので、勝って心底嬉しいのは最初のときくらいでしょう。だから三年目は、勝って調子に乗る気にもならないことがあるのです。むしろ次の勝負に向けての準備こそが楽しみでしょう。

逆に、自らが失敗したり、負けたり、不祥事を起こしたりしたときなどには、しっかりとした謝罪や反省が重要であることは言うまでもありません。そして悔し涙にくれることです。ただ、怒りは、特に勝者への嫉妬はやはり楽屋で、内輪で、そして心の中で示すのが日本的日常なのでしょうか。

噂の心理を理解する

悪い噂は、火のないところに煙は立たないものですし、調子に乗っていると必ずボロも出てしまいます。叩けば埃《ほこり》は出るというように、嫉妬されたり、悪口を言われたりすることはもう避けられません。悪口を言われないリーダーなんてあり得ないのです。

だから、悪口が耳に聞こえたらその悪口をこなす、逃げないリーダーが求められるということになります。あることないこと、身に覚えのない悪口を言われますが、なぜそう言われているのか。逃げずに、相手の心理を読んで理解し、受け止めることが大事でしょう。

ここで、私個人によく起こる噂話をしましょう。精神科医は声が商売道具です。その上、私は昔から舞台でも講演会でも大声を出しやすくてすぐに声が嗄《か》れてしまうので、声帯の湿度を保つために水を傍らに欠かすことができません。緊張をとるという心理的効果もあるからなのですが、朝から人前で水をたくさん飲んでいると、人によっては奇異に映ることがあるようです。それで時々、「あいつはいつも二日酔いじゃないか」という噂が立つのです。もちろん私はそれにむきになって怒ったり、反論したりすることもできます。しかし、こちらが平静になるには、なぜそういうことが起こっているのかを理解することだと思います。

水をあまり飲まない人には、その前で私がよく水を飲んでいたら、なぜあいつだけそんなに水を飲むのかといった好奇心や懸念が芽生えやすいのです。その上、私にだって二日酔いの日がまったくないとは言いきれません。特に、おしゃべりの私が美酒に酔っているイメージが描かれている場合は、その人の脳裏では、水はお酒とともに連想されやすいのでしょう。

このケースでは、私が水を飲むことについて心配させやすいという事実を思い知るべきであり、いつまでも『ヨッパライ』がついて回る、その連想と心理や事情を理解することが肝要です。もちろんこれが薬物の使用の空想になることもありますが、当然のことでしょう。その上で、噂をし、誤解する人たちが、私に何を見ているかを考えてみるなら、それを照らし返して教えてくれる周囲に感謝の念すら生まれるのです。

嵐が通り過ぎるのを待つ

もう一つ、「醜聞」の対処で重要なことがあります。噂にみんなが耳を傾けてしまうと、私は孤立してしまいます。裏切られ、見捨てられたという思いも生まれるでしょう。理解をしてくれる人は誰もいないのかと、世界中から見捨てられ孤立無援になったように感じてしまいます。

そのときに自分さえいなければいいいんだと、消えることを考えさせるものとして、ばい菌とか、臭いやつだとか、みっともないとか、あんなやつさえいなければと、汚いもののように言われることがあります。おまえさえいなければこの問題は解決するんだというようなイメージになり、みんなから何でも臭いものを投げ入れられる一種のゴミ箱状態になってしまいます。それがゴシップの対象になることの危険性です。まるで汚いものであるかのように扱われて、当人も汚く感じてしまうのです。

しかし、そのときに反論しても、誰も耳を貸してくれません。声を上げていても、みんなの噂の声のほうが大きくて、聞こえないのです。第二者が声を上げて、例えば「Xさんはそんな人じゃありません」と言ってくれても、「おまえ、こいつの味方なのか」となってしまいます。

本当に難しいなと思うのは、政治家や官僚、会社の経営陣などが、何か事件が生じて、ひどくいじめられているときです。誰かフェアな人間が出ていって、「この大臣、結構いいことも言っていました。失言はたまたまであって、みんなもそういうことはあるでしょう」と言ったところで、「おまえは愚か者の味方をするのか」となるので、その最中には声が上げられません。そして、大臣を辞任してから、手のひらを返したように、「別に辞めなくてもよかったのに」という話が出てくるのです。

助けてあげたいのに助けてあげられないという仕組みの中に入ってしまうと、どうしようもありません。脇が甘いとか、寝返られたとか、飼い犬に手を噛まれたとか言ってみても、その最中はしかたがないのです。

そのとき、私のこれまでの患者さんとの経験で言うと、やはり一時期、休んで嵐が通り過ぎるのを待つのがよいと思います。そうでないと、嵐の最中に声を上げても吹き飛ばされてしまうだけです。

昔であれば、小さな子どもが友達にいじめられたときなど、寺の境内の裏やトイレに逃げ込んで一人で泣いたりしたことでしょう。その最中には一時期、シェルターに逃げ込んで嵐が通り過ぎて、時間が解決するのを待つしかないのです。まさに人の噂も七五日で、噂ともろに戦って勝った例はないと思います。そして時間をかけると烏合の衆は手のひらを返したように変わるのです。そういう期間はやむを得ず入院するという発想が、もっともっと活用されるべきだと思います。

「嫉妬の心理学」を生きる

私はどうしてロンドンに「逃げた」のか、それは私が嫉妬する／嫉妬されるという状況から距離を置きたかったからだという話をしました。実際のところ向学心と好奇心は強く意識していましたが、無意識的には私は自分がもっともよく知っている嫉妬がすごく怖かったし、恐ろしかったのだと思います。そのよく知っている嫉妬とは、自らの内なる嫉妬なのでしょう。

そして、今の若い人たちも同じように嫉妬に苦しんでいて、社会全体が嫉妬に振り回されているように思います。誰もがもうこんな非生産的な足の引っ張り合いはやめたいと思っているでしょう。嫉妬する側もされる側も、嫉妬は三角関係にあると気づき、それをどうするのかと考えられるようになればよい。これはつまり、三角関係に揉まれて強くなるための好機なのです。

同期会など同じ年ぐらいの人間が集まると、あいつが一番に昇進した、出世したという話になって嫉妬の渦のようになります。これを同胞葛藤と言います。そうした心理の渦が人を高度に揉んでくれているのです。そこで溺れたりそこから逃げるなら、嫉妬に慣れることができなくなってしまいます。場数を踏み嫉妬が見えて慣れていくと、最終的になんともなくなる。それがこの心理に関する「なじみ」の感覚です。特に精神分析や精神療法を受けると、それが自分にもある懐かしい感覚となって、私を動揺させないものになるのがわかります。

精神分析を受けて、実際の嫉妬になじむというのは、私の宝のような体験です。日本に帰ってきてからも人前で話をしたり、授業や発表というパフォーマンスを時々やっていると、かつて逃げ出すしかなかったあの嫉妬や羨望に慣れてきている自分を感じるのです。

自分をここまでやってこさせたエネルギーが嫉妬であることを認め、自分がやってきたことが人の嫉妬を刺激するかもしれないことも認められるようになりました。そして嫉妬がもたらす痛みや困難を多くの日本人が克服し、少しでも生産的なエネルギーに変えてほしいと期待しながら、こうしたデリケートな内容の本を書けるまでになりました。

それができるようになった最大の理由は、自分なりの嫉妬の心理学を体験しながら考えたことだと思います。その過程で、私は過剰に嫉妬深いとは思いませんが、自分が分相応に嫉妬することについて言葉で洞察し、嫉妬される恐怖について考えられるようになりました。褒め言葉に対して反射的に「とんでもないです」とは言わなくなり、ときに安心して聞けるようにもなり、この事態に少しは慣れたようなのです。それは、前より少しは素直になったということかもしれません。

確かに問題はほかにもあるでしょう。でも、嫉妬に動かされる社会を嘆く前に、そしてそれに振り回される個人を蔑む前に、自らの内部にある、この普通の心理学を認めることのほうが先だと思うのです。それは決して大声で認めるようなことではないのかもしれないのですが。

あとがき――日本人の心を生かして

私はやはり、日本人にも世界の人たちをリードしていくすぐれた志や思想、そして芸術や楽しみ方を築いてほしいと思っています。そのヒントはここにすでに述べてきたことの中にあると思います。

将来的には、世界の多くの人たちが日本人のようになってしまい、ひょっとすると現在の日本人と同様の生き方をするかもしれません。世界中でフロンティアはなくなるし、みんなで勝負して資源を奪い合うよりも、みんなでどう分かち合うかを考えなければいけない時代になっています。勝ち負けをつけないで、平等に分け合おうという思想を持つ必要があることを考えると、三角関係的な競争主義という主張はあまり説得力を持たず、むしろこれまで否定的に語ってきた母性原理的な和合主義のほうが大事になるという見方もあると思います。

もしそうならば、日本人の生き方を見つめ直し、それをその弱点とともに世界に紹介することが大切になります。まとまりが悪いのですが、競争と和合、特殊と画一、父性原理と母性原理、「あれかこれか」と「あれもこれも」の総合というグローバルな最終目標に一番近いところにいるのは、実は「あれもこれも」の私たちかもしれません。

実際、日本人がみんな外国人、西洋人のようになって、競争に一〇〇%強くなることはあり得ません。しかし、たとえそうなれなくても、競争主義の心理学を理解しておくことは必要なのです。特に若い一部の人間には、打たれ強くて、自惚れが強くて、自分中心的で、自己を主張してやまない、面の皮の厚い人たちが生まれています。そして、彼らならば競争に勝ち抜くことができるのです。

それに対して、勝負を避けたがる若者たちもいれば、これまでと同様、足の引っ張り合いに明け暮れる中高年もいます。仮に弱腰で嫉妬に弱い日本人であっても、国際社会では自己理解を進めなければならないし、同時に他者理解が必要とされていることには変わりがありません。それについても、内面の普遍言語としての精神分析が寄与できると私は思っています。

三角関係に向き合わないで傷つき負けることを恐れることで、日本人は自立と成長が妨げられてきました。どうして内にばかり閉じこもっていて、外へ出ていけないのか。なぜ足の引っ張り合いばかりを恐れて、神経質になり、図太く生きられないのか。これは若い人たちだけでなく、これまで日本をつくってきた中高年の問題でもあります。

特に二〇一一年の東日本大震災を経て、政治、経済、その他さまざまな文化現象で日本が見せている閉塞感は、これまでの私たち日本人の心のあり方を問いかけています。三角関係をうまく自らに導入しそれに参加すること、そして自分を後ろから支えてくれる母性的な第二者を持つこと。それで、ライバルの嫉妬を恐れず、そして自らの嫉妬を考えながら図太く細やかに生きることが今、求められているのです。

本書はNHK出版学芸図書編集部・高井健太郎さんのおかげで説得力のあるものとなりました。著者にとって、第三者との間を取り持ってくれる貴重な「あなた」であり、心からの謝意を表します。

二〇一二年五月

きたやまおさむ

参考文献・資料

R・D・レイン、阪本健二ほか・訳『ひき裂かれた自己――分裂病と分裂病質の実存的研究』みすず書房
土居健郎『「甘え」の構造』弘文堂
土居健郎『表と裏』弘文堂
遠藤周作『沈黙』新潮文庫
遠藤周作『海と毒薬』新潮文庫
ソポクレス、藤沢令夫・訳『オイディプス王』岩波文庫
丸山圭三郎『フェティシズムと快楽』紀伊國屋書店
小此木啓吾、北山修・編『阿闍世コンプレックス』創元社
五木寛之『青春の門』講談社文庫
折口信夫『古代研究Ⅰ――祭りの発生』中公クラシックス
D・W・ウィニコット、北山修・監訳『抱えることと解釈――精神分析治療の記録』岩崎学術出版社

G・O・ギャバード、舘哲朗・監訳『精神力動的精神医学③臨床編：Ⅱ軸障害』
岩崎学術出版社
北山修、橋本雅之『日本人の〈原罪〉』 講談社現代新書
北山修『精神分析理論と臨床』 誠信書房
北山修・編著、井口由子・訳『フロイトと日本人』 岩崎学術出版社
北山修『心の消化と排出——文字通りの体験が比喩になる過程』 創元社
北山修『錯覚と脱錯覚——ウィニコットの臨床感覚』 岩崎学術出版社
北山修『劇的な精神分析入門』 みすず書房
北山修『幻滅論』 みすず書房
北山修『最後の授業　心をみる人たちへ』 みすず書房
北山修・監修、妙木浩之・編『日常臨床語辞典』 誠信書房
『きたやまおさむアカデミックシアターDVD』
①vol.1「あの素晴らしい愛について」
②vol.2「日本人の心のしくみ」
③vol.3「悲しみは水に流さず」 （発売元）アカデミックシアター製作委員会

編集協力　三好正人
校正　鶴田万里子
DTP　㈱ノムラ
図版・イラスト　原　清人

JASRAC　出 1207671-203

きたやまおさむ
1946年、淡路島生まれ。本名・北山修。精神科医。
京都府立医科大学卒業後、ロンドンのモーズレイ病院などを経て
北山医院(現・南青山心理相談室)を開設。
91~2010年まで九州大学教授。
北山精神分析室にて開業、現在臨床に携わりながら、
2021年より白鷗大学学長。九州大学名誉教授。
専門は精神分析学。医学博士。
著書(きたやまおさむ名義)に『みんなの精神科』『みんなの深層心理分析』
『ビートルズを知らない子どもたちへ』『コブのない駱駝』などがある。
一方、ミュージシャンとして、65年、ザ・フォーク・クルセダーズを結成。
『帰って来たヨッパライ』でデビュー。解散後、作詞家としても活躍。
代表作に『戦争を知らない子供たち』『あの素晴しい愛をもう一度』など。

NHK出版新書 384

帰れないヨッパライたちへ
生きるための深層心理学

2012年7月10日　第1刷発行
2021年7月10日　第6刷発行

著者　きたやまおさむ
発行者　土井成紀
発行所　NHK出版
〒150-8081東京都渋谷区宇田川町41-1
電話 (0570) 009-321(問い合わせ) (0570) 000-321(注文)
https://www.nhk-book.co.jp (ホームページ)
振替 00110-1-49701

ブックデザイン　albireo
印刷　太平印刷社・近代美術
製本　二葉製本

Printed in Japan　ISBN978-4-14-088384-6 C0211

NHK出版新書好評既刊